LEYENDO «EL PROCESO»

Preguntas y respuestas sobre Kafka y su obra

Gerardo Rodera

Director de la colección:
Héctor Escobar

Cubierta:
G. P. Deshayes, *Coquilles Fossilles des environs de Paris*,
Oudard del., Lith. de Lemercier: T2 (pt. 77, 2)

Primera edición, diciembre de 2024

Diseño de la colección y composición: Martín Errand

Dep. Legal: Le. 463-2024

ISBN: 978-84-128093-0-5

Impreso en España — Printed in Spain

LEYENDO «EL PROCESO»

Preguntas y respuestas sobre Kafka y su obra

Gerardo Rodera

ursa minor

Índice

A VER, ¿QUÉ ES ESTO?

Lo que sigue es un pequeño ensayo sobre Kafka y su obra a partir de la lectura del que considero su logro capital, *El proceso*.

Que nadie espere un estudio erudito: se trata de transmitir mi interés por el escritor, su vida y su obra, intentando descubrir algunos aspectos poco conocidos de su trayectoria o abrir algún nuevo ángulo en la interpretación de sus escritos.

Naturalmente, esos objetivos son terriblemente osados. Kafka ha sido estudiado desde todos los aspectos posibles. La bibliografía sobre el autor y su obra ocupa cientos de metros de estanterías en todas las bibliotecas del mundo. Es casi imposible decir algo, no ya nuevo, sino simplemente interesante sobre el tema. Pero a los diletantes no nos arredran esas consideraciones y nos encanta dejar por escrito nuestras teorías y digresiones.

He elegido dividir el texto, no en capítulos al uso, sino en un juego de preguntas y respuestas. El propósito es dar algo más de agilidad al escrito y también propiciar el lucimiento propio: como el que pregunta y el que responde son el mismo, el interrogador se la deja botando al entrevistado y le hace parecer más listo de lo que es.

He eliminado conscientemente las notas a pie de página y ni siquiera las citas son textuales. Todo para que la lectura sea lo más fluida y amena posible. También es un pequeño truco: dice Reiner Stach, autor de la mejor y más completa biografía de Kafka (y, por cierto, mi libro de cabecera en la composición de estas páginas) que, cuando en la elaboración de su texto consultaba los escritos de otros presuntos expertos, lo que más le llamó la atención fue el profundo abismo que se abría entre la prosa de Kafka y la de sus comentaristas. Es imposible estar a la altura y es absurdo intentarlo, pero si consigo despertar la curiosidad del lector y este, intrigado, acude a las obras de nuestro autor, habré cumplido con mi propósito y estoy seguro de que el destinatario de estas líneas me lo agradecerá: Kafka nunca defrauda y cuando se llega a él es para quedarse.

LO PRIMERO: ¿ES MORAL LEER LAS OBRAS QUE KAFKA NO QUISO LEGARNOS (INCLUIDO, CLARO, «EL PROCESO»)?

Aunque las circunstancias son confusas (siempre lo son en estos casos), parece demostrado que Kafka encargó a su amigo Max Brod que se deshiciese de todo lo que a su muerte hubiese quedado sin publicar. No hacía distinciones entre bocetos, relatos casi terminados, diarios o cartas, y también pretendía que se dejasen sin reeditar libros ya publicados y que consideraba poco logrados, para dejarlos morir. La familia de Kafka nombró a Brod albacea de su legado y este no solo no cumplió con las últimas voluntades de su amigo sino que se encargó de editar todo el legado de Kafka y de difundir su obra por todos los medios a su alcance. El resto es historia.

¡Pobre Kafka! Lo cierto es que nadie ha tenido nunca en cuenta sus deseos. Un Kafka que pudiese volver a pasearse por el mundo lamentaría que sus textos siguiesen sin editarse con cuerpos de letra grandes y en páginas con amplios márgenes que permitan respirar a sus largos párrafos, tal y cómo recomendaba; al contrario, suelen ofrecerse en tipografías minúsculas e ilegibles, o se divide la corriente de su prosa en párrafos o diálogos que el escritor nunca habría aprobado. Su intención de que no apareciesen ilustraciones que reflejasen al insecto de *La transformación* es sistemáticamente despreciada. La idea de que sus obras se publicasen con su rostro en portada le parecería tan absurda como indiscreta y, desde luego, no creo que le gustase en absoluto ver que se ha convertido en un icono pop, y que su cara se imprime en carteles, camisetas y *souvenirs* de dudoso gusto.

Ahora, respondiendo a la pregunta del encabezamiento: sí, para mí es perfectamente lícito, moral e incluso necesario leer todo lo que nos ha llegado de Kafka. Comprendo que haya personas a las que les resulte difícil profanar la intimidad, los secretos de alguien que ha decido que permanezcan ocultos. Es respetable, es humano y es normal. Yo también lo hago. A veces.

Alguien definió la comedia como tragedia más tiempo: es decir, la distancia entre el suceso y nuestra percepción del mismo permite la relajación moral y la frivolidad. Con estos asuntos pasa lo mismo. Hay quien se niega a visitar un monumento fascista europeo, pero cuelga en la Red alegres *selfies* ante las pirámides. Da grima acceder a los desnudos pirateados a una actriz de moda, pero nos deleitamos con los que pueblan el cuaderno privado de un pintor impresionista. Nos alejamos discretamente de la puerta por la que se filtran las conversaciones entre nuestro amigo Nacho y su novia, pero pegaríamos la oreja si en la habitación estuvieran Napoleón y Josefina.

Milan Kundera, en su extraordinario ensayo *Los testamentos traicionados*, mantiene, a través de varios ejemplos históricos, la doctrina de que hay que respetar los deseos de los creadores (y no solo de ellos, sino de cualquier persona que nos importe), tanto mientras están vivos como, atención, cuando están muertos y no pueden defenderse de nuestras intromisiones. Uno de los capítulos de su libro está dedicado a Kafka. Kundera reprende a Max Brod, por su decisión de publicar su obra (por cierto, tampoco Kafka fue respetuoso con la voluntad de Brod: este le había dicho por activa y por pasiva que no pensaba hacerle caso en esa disposición en concreto, y aun así, le cargó con esa misión). Kundera analiza críticamente la actuación de Brod e incluso cita oportunamente a Cervantes (*nuestro más grande maestro*, le llama) aludiendo al episodio en que, en *El Quijote*, se narra sobre el desgraciado pastor-poeta Grisóstomo, muerto por amor, y cuya obra van a quemar sus amigos respetando sus últimas voluntades. Bien. Tras este preámbulo, no muy extenso, Kundera demuestra que ha visitado muchas veces y con gran aprovechamiento toda la obra de Kafka, incluida, claro está, la que el autor no quería que fuese leída. Analiza brillantemente diversos aspectos de la misma y concluye con una monumental bronca, mucho más potente que la de antes, dirigida a Max Brod (y a otros muchos presuntos cómplices), esta vez por presentar al mundo una imagen del escritor falaz y distorsionada que impide disfrutar de su literatura como se merece. El autor es transparente: salvar de la quema los escritos es un pecadillo venial; malinterpretar su legado es una imperdonable traición.

Como comprenderán, si además de mi propia convicción, uno de los autores que más admiro me concede carta blanca para acceder a la obra póstuma de Kafka, pues no hace falta decir mucho más.

Sí, lean *El proceso*. Sin problemas. Muchas veces. Yo les absuelvo.

¿QUÉ SABEMOS DE KAFKA?

LAS FUENTES DE QUE DISPONEMOS PARA conocer la personalidad humana de Kafka son dos: lo que el propio escritor dice de sí mismo en sus diarios o sus cartas y lo que aquellos que le conocieron han dejado como testimonio. Vale: tras la perogrullada anterior, pasamos a los datos.

Los literatos suelen dedicar una gran parte de su obra a retratarse, a indagar en su propia persona (el narcisismo es inherente a la literatura) y Kafka no es una excepción. De hecho, hay muchas más páginas del autor dedicadas a hablar de él mismo que las que ocupan su obra literaria. Hay centenares de entradas de sus diarios y de cartas en las que Kafka se recrea en sus actividades diarias, en sus ideas y pensamientos, en sus padecimientos físicos y morales. Bueno, labor cumplida, piensa el estudioso: basta con leer atentamente todos esos testimonios para conocer al dedillo al individuo. Error. Como sucede con la mayoría de escritores, Kafka no es un testigo fiable de su propia existencia ni de su auténtica personalidad. Como sucede con la mayoría de los escritores, sus confesiones no son sinceras ni van destinadas a presentar el auténtico *yo*. Como sucede con la mayoría de los escritores, Kafka no cuenta su vida: *crea un personaje*.

Evidentemente, nuestro hombre proporciona abundantes datos de cuya autenticidad y concreción no debemos albergar dudas. Si Kafka dice en su diario que estuvo el día tal en la cervecería X con fulano y mengano mirando a las mujeres que entraban a merendar, es muy probable que aquello fuese realmente así y podemos incorporarlo a su biografía con total confianza. Pero si el escritor añade que su mente en esos momentos, lejos de concentrarse en la frescura de su pinta y en las bellezas praguenses, se debatía angustiada entre diferentes opciones vitales y literarias, sometiendo su ya castigada psique a tormentos indecibles, debemos ponernos en guardia y desconfiar, en principio, de que se nos esté contando toda la verdad.

«¡Un momento!», exclama el lector: «Kafka no escribía su diario para que fuera mostrado en público. Eran sus confesiones íntimas. ¿Por qué no tomar sus palabras como una expresión sincera de sus pensamientos?». ¡Ja!, respondo. Ningún literato escribe para sí mismo, lo hace para el público. Y el público puede ser una sola persona (en el caso de las cartas), millones de potenciales lectores (en el de su obra) o la posteridad o el cosmos (sus diarios, ejem, íntimos). El escritor crea incluso para sí mismo, para el hombre que será unos segundos o unas décadas después.

Así que, por un lado, tenemos al propio Kafka como fuente dudosa. Nos queda la opción de recurrir a los testimonios de quienes le trataron en vida. La fama póstuma del escritor ha creado un género propio de memorias que podríamos llamar «mi momento con Kafka». Hay multitud de testimonios de personas que conocieron a nuestro hombre y que se han apresurado a compartir con el resto de los mortales su instante de gloria. Evidentemente, tenemos los recuerdos de quienes trataron extensamente al autor, empezando por su gran valedor, Max Brod, por sus parejas sentimentales o por miembros de su familia. Son testimonios muy valiosos y que, desde luego, ayudan a comprender a Kafka como persona. Tampoco dejan de estar influidos por la subjetividad o la desmemoria, pero, en general, no debemos dudar de ellos.

Luego están aportaciones mucho más variopintas que incluyen a compañeros de estudios, amistades de balneario, servicio doméstico o miembros de su círculo literario. Dentro de este batiburrillo, que ha dado lugar a más de una compilación en forma de libro, encontramos de todo: la lectura de estos recuerdos hace pensar en la famosa historia de los ciegos que intentaban describir un elefante del que cada uno había palpado una parte diferente del cuerpo. Estos testigos, que aparentan una memoria fabulosa (yo no me acuerdo de lo que hice ayer por la tarde, pero ellos recuerdan un encuentro fugaz con un discreto funcionario praguense ocurrido varias décadas atrás) suelen, curiosamente, seguir un patrón parecido en sus relatos. Empiezan describiendo las circunstancias del encuentro (aquí hay muchas veces graves errores geográficos y cronológicos), siguen con un perfil físico del escritor, se aventuran en finas apreciaciones psicológicas sobre el carácter y el momento vital en el que le sitúan, y terminan con un suceso pintoresco y revelador del que fueron privilegiados espectadores y que ilumina un aspecto desconocido del Kafka más humano.

Este es el sustrato con el que han trabajado desde hace casi un siglo los biógrafos del autor. Por un lado, resulta sorprendente que un personaje prácticamente anónimo, con una vida pública casi inexistente, haya conseguido reunir tal volumen de documentación referida a su vida y a su obra. Sabemos casi con total seguridad dónde estuvo y qué hizo el Kafka adulto en cada momento de su vida, conocemos su historial académico, profesional o médico; y todo sin internet, móviles o registros informáticos, solo usando frágiles documentos de papel guardados en archivos que fueron expurgados, saqueados, bombardeados, quemados o confiscados en los años y los lugares más conflictivos de Europa. O basándonos en la memoria de auténticos supervivientes. Como varias veces se ha hecho notar, muchas de las personas que trataron a Kafka terminan sus biografías con una misma palabra: Auschwitz.

Todo este asombroso material debería bastar para hacernos una idea cabal de Kafka como persona. Algunos, desde luego, así lo creen y han llenado infinitos folios con lo que, en su opinión, son verdades incontrovertibles acerca del carácter de Kafka. Yo, lo digo de principio, no lo tengo nada claro. He intentado un pequeño juego: apuntar los rasgos de la personalidad del escritor que más se repiten en biografías, estudios o ensayos dedicados a su vida. Algunos hacen prácticamente el pleno: tímido, educado, reservado, insobornable, hipocondríaco, inseguro, atormentado, curioso, leal… A veces se incurre en paradojas: un estudioso lo define como trabajador infatigable para unas líneas más tarde aludir a su proverbial pereza como causa de que no terminara muchas de sus obras; o menciona su seriedad imperturbable al lado de abundantes episodios en que muestra su humor pueril o sus inconvenientes ataques de risa. También se pasa de alabar su carácter en términos cercanos a la beatificación para luego aludir a motivaciones cínicas o egoístas en sus actos. Tampoco está clara la formación intelectual que cabe atribuir al escritor: sus lecturas oscilan entre los consagrados (Flaubert, los grandes escritores en lengua alemana) y gran cantidad de literatura «popular», así como cientos de biografías, libros de viajes o manuales de vida sana. Los mismos que lo encumbran a la categoría de filósofo (volveremos a la «filosofía» de Kafka) por sus acercamientos a Nietzsche o Schopenhauer, no dudan en situar las fuentes de su pensamiento en confusas leyendas rabínicas o en las pantomimas del cine mudo.

¿Mi opinión? Analizando lo que he llegado a saber sobre Kafka, sopesando sus cualidades, sus defectos y virtudes, su carácter, sus manías o su capacidad intelectual, yo compraría al escritor un coche usado, le contrataría para mi empresa o le dejaría que corrigiese mis obras, pero no me iría con él de vacaciones y me causaría enorme desazón que se emparejase con una hija mía. ¿Son estas consideraciones importantes para entender y disfrutar su obra? No. Claro que no.

¿QUIÉN FUE, ENTONCES, KAFKA?

TRADICIONALMENTE SE TIENE A KAFKA como prototipo de creador literario de vida externa anodina y rutinaria en contraposición a los escritores aventureros de biografía novelesca y actividad frenética. Kafka poseería, según esta interpretación, una gran vida interior y una mente que trabajaba a enorme velocidad, pero su existencia no tendría parangón con la de, pongamos, un Ernest Hemingway. La condición de funcionario de nuestro autor tampoco ayuda a conferirle un aura de hombre de acción.

Pero Kafka tuvo una vida interesante y movida, incluso en el sentido negativo de los términos. Para empezar, aunque es cierto que ser funcionario del imperio austrohúngaro parece sugerir largas jornadas en un despacho aislado del mundo, Kafka, por las características de su puesto, estaba obligado a viajar continuamente por todo el territorio de su instituto de seguros laborales. Recorrió la región y trató con infinidad de gente de todos los estratos sociales, desde aristócratas a empresarios pasando por trabajadores, capataces, técnicos y un largo etcétera. Kafka es lo contrario del ratón de oficina que no tiene contacto con el exterior, y sugerir que su conocimiento del mundo y de la condición humana solo procede de la literatura y de su imaginación es faltar gravemente a la verdad.

Además, Kafka no formaba parte de una clase social establecida y segura: era un judío de habla alemana en una sociedad cristiana y mayoritariamente checa. Vivía en un área sometida a fuertes tensiones nacionalistas y que, de hecho, se independizó tras la disolución del Imperio. Sufrió en sus propias carnes el antisemitismo o la discriminación.

Nuestro hombre vivió un periodo crucial de la historia, el que está entre el siglo XIX y el XX, en el que el mundo cambió por completo. El escritor vio los primeros coches o los primeros aviones: es célebre su relato de una exhibición aeronáutica en Brescia, ese breve momento mágico en que, desde tierra, se veía el rostro de los pilotos que volaban apenas unos metros por encima del suelo. Formó parte de los movimientos de vanguardia estética que revolucionaron el mundo del arte. Asistió a las primeras proyecciones cinematográficas y a la eclosión de esa industria, cuya influencia en su escritura es manifiesta. Viajó por la Europa febril del momento: estuvo en el París de la *Belle Époque*, en Berlín, en Múnich, en Suiza, en Italia… Vivió una guerra mundial, la disgregación traumática de tres imperios que parecían eternos, la revolución bolchevique, el nacimiento del Estado checo, los primeros intentos de crear una nación judía, la posguerra y la gran inflación de la Alemania de los años veinte… Hasta sabemos que asistió a un partido de fútbol. No repitió.

En su vida personal mantuvo relaciones amistosas e intelectuales con personas de importancia en el mundo cultural e intensas relaciones sentimentales, nada convencionales, por cierto. Publicó obras literarias o dictó conferencias. Hubo un par de momentos en que estuvo a punto de conseguir su propósito de convertirse en escritor a tiempo completo y tener una carrera literaria: con su talento quizá se hubiese convertido en una figura prominente, pero eso, desgraciadamente, nunca lo sabremos.

Su inseguridad y su salud frágil condicionaron su vida, eso es cierto. No se decidió a cortar de verdad amarras con su familia y su círculo próximo y salir de la provinciana Praga hacia Múnich o Berlín. Tampoco cuajaron sus intentos de instalarse en Palestina o en ¡alguna colonia tropical! El núcleo de su indecisión fue que nunca supo optar de forma decidida, bien por llevar la típica vida de soltero, bien por formar una familia. Le daba miedo el matrimonio y las cargas que conllevaba (rompió dos veces un compromiso matrimonial muy avanzado) pero, como queda muy de manifiesto en sus escritos, la vida del soltero le parecía triste y solitaria.

En algunos momentos incluso le tentó la posibilidad de convertirse en granjero. Le gustaba la vida al aire libre y cogió gusto a trabajar la tierra. Llegó a disfrutar de una parcela pública en las afueras de Praga, de las que se cedían a urbanitas víctimas de la ansiedad y deseosos de la paz rural. Kafka, por cierto, nos ha dejado, en su relato de la vida en el pueblo donde su hermana Ottla tenía su granja, uno de los más precisos e hilarantes retratos de lo que es, en realidad, dicha paz: ruidos de todo tipo y a todas horas, bichos, olores, suciedad y total falta de intimidad o de sosiego.

Era de constitución débil y también hipocondríaco. Padecía dolores de cabeza, trastornos digestivos y de la piel e insomnio. Para ser, en todo, un hombre de su época, contrajo incluso la famosa gripe española que mató a millones de personas: él se salvó gracias a los cuidados (y el dinero) de su familia. La tuberculosis le golpeó muy joven y condicionó el resto de vida hasta su penoso final. Se sentía flacucho y poco atractivo (testimonios de mujeres que le trataron lo describen, por el contrario, como un joven apuesto y con encanto) y siempre temió no estar a la altura en sus relaciones sexuales. Quizá como consecuencia de esa misma hipocondría siempre intentó velar por su salud según los nuevos estándares naturistas de los que fue devoto: cuidaba su alimentación, masticaba decenas de veces cada bocado siguiendo la doctrina llamada fletcherismo (cosa que irritaba enormemente a su familia) y practicaba gimnasia sueca diariamente en su habitación, que ventilaba profusamente incluso en lo más crudo del invierno.

Sus relaciones familiares fueron complicadas. Nunca estuvo en sintonía con sus padres, acabados productos de una mentalidad muy determinada: judíos dedicados al comercio, trabajadores incansables, aspirantes al éxito económico y al reconocimiento social dentro de su comunidad. Nunca supieron qué hacer con su hijo, frágil, intelectual, despreocupado del dinero o los negocios. Kafka ha pasado a la historia como el prototipo de hijo atormentado por su relación con un padre autoritario y poco dialogante. La leyenda se cimenta sobre todo en la famosa *Carta al padre*, del año 1919, en la que Franz ajusta cuentas con su progenitor por el comportamiento que tuvo hacia él o sus hermanas. La *Carta*, tan extraordinariamente escrita como toda la obra de Kafka —aunque curiosamente aquejada de un deje sentimental y patético ausente en sus ficciones (se nota que toca su yo más íntimo)—, nunca llegó a su destinatario. Se cree que su madre sí la leyó, pero no tuvo la menor intención de entregársela a su marido. Con la relación paterno-filial de los Kafka se han llenado bibliotecas, pero, mirada con perspectiva, nos encontramos, al lado de los exabruptos e imprecaciones (nunca violencia física directa) esperables en un patriarca judío del siglo XIX, muchos episodios que apenas llegan a primero de abuso, al nivel de la madre de Mafalda con la sopa, para entendernos. Quizá el momento más delicado fue el del compromiso frustrado con Julie Wohryzek durante el año 1919, en el que los padres de Kafka sí pusieron realmente pie en pared ante lo inadecuado de la muchacha —y de su familia— y forzaron la máquina para que la relación llegase a su fin. Aquel noviazgo (seguramente el más satisfactorio para Kafka desde el punto de vista puramente físico, aunque no tenemos pruebas directas de que así fuera) no iba a ningún sitio y creo que el propio escritor se dio cuenta y agradeció tener una excusa para romper el compromiso. Salvando esos asuntos, no hay en esta relación paterno-filial nada especialmente novedoso o espectacular. Kafka, si se mira bien, hizo en general lo que le dio la gana: nunca, desde luego, tuvo impedimentos para entrar y salir de su casa a cualquier hora; consiguió que se le sirviese diariamente una comida especial; viajó a su antojo; se resistió a ocuparse de los negocios de la familia; cambió de carrera; dejó el trabajo que le había conseguido la familia por otro con mejor horario para dedicarse a la escritura; se comprometió con Felice Bauer, una mujer alejada del círculo próximo sin contar con los suyos; llegó a vivir solo; apoyó a su hermana rebelde... Franz y su padre tuvieron sonoros desencuentros, esperables en dos personas que pertenecían a mundos muy diferentes, pero el hijo no rompió relaciones con su progenitor (al que admiraba por su vigor físico y su seguridad en sí mismo) ni el padre dejó nunca desamparado a su retoño. Mirando con una cierta perspectiva, es la hipersensibilidad de Kafka y su talento literario, que reluce incluso en los fragmentos más crudos y exasperados de su diario personal, la que ha amplificado los puntos de fricción entre ambos, convirtiendo al escritor en el santo patrón de los hijos rebeldes e incomprendidos.

La vida de Kafka quedó, como la de toda su generación, truncada por la guerra. En su caso, coincidió además con la aparición de la tuberculosis, que acabó con todos sus planes vitales y literarios: no habría boda, no habría carrera como escritor en Múnich o Berlín. Ni siquiera ya seguiría siendo funcionario mucho tiempo. Sus años finales fueron un peregrinaje por diversos sanatorios, salpicado por nuevos intentos literarios (lo que podríamos llamar su «tercer estilo», que incluiría *El castillo* o los últimos relatos) y nuevos amigos y relaciones sentimentales.

Solo al final de su vida y de forma muy paradójica, consiguió Kafka cumplir en parte sus deseos de independencia y vida en pareja. Fue tras su peculiar romance con Milena Jansenska, más intelectual y epistolar (las *Cartas a Milena*, extraordinarias en tantos sentidos) que físico, pese a que ambos se sentían fuertemente atraídos el uno por el otro. Se trataba, de todas maneras, de una relación condenada al fracaso: no había en el mundo personalidades más opuestas que la del retraído y cerebral Franz y la volcánica y extravagante Milena. Como decíamos, Kafka terminó, al fin, conviviendo con una mujer. Puede que Dora Diamant, su pareja de los últimos meses, no estuviese a la altura de lo que el Kafka de una década antes solicitaba en materia intelectual, pero fue una compañera fiel y amorosa, que cuidó de él y de su hogar común en el Berlín de la hiperinflación hasta la muerte del escritor.

¿ERA KAFKA UNA BUENA PERSONA?

LAS RELIGIONES MONOTEÍSTAS CONSIDERAN sus textos sagrados, no como una obra escrita o dictada por la divinidad, sino, directamente, como una extensión o un atributo de la misma, inseparable por tanto de su propia esencia. Esta idea, tan peregrina como cualquier otro dogma religioso, y que exige, como es lógico, fe ciega al creyente, es, sin embargo, muy útil para el control de la grey, que podría llegar a personales y no convenientes interpretaciones de los escritos fundacionales. En fin, nada nuevo en el mundo de las religiones organizadas y que apenas tiene como efectos secundarios algunos odios, matanzas o hecatombes provocadas por un quítame allá esa metáfora discutible o ese adjetivo sospechoso.

El problema, de actualidad, pero que procede de la noche de los tiempos (si es que estos de ahora pueden considerarse diurnos), es intentar aplicar estos bizantinos conceptos al mundo de la cultura (laica) y asociar de forma indivisible al autor con su obra, formando una amalgama que debe ser siempre considerada en su conjunto. Es decir, al acercarnos al legado de un escritor, un pintor, un músico o cualquier otro creador, debemos hacerlo no solamente pensando en la calidad o el disfrute y aprovechamiento de sus obras, sino también en la biografía del susodicho. Atención, no estamos hablando de creaciones en sí mismas repugnantes por su contenido o ideología, no: hablamos de que la personalidad contamina cualquier cosa que haya salido de sus manos. De este modo, un cuadro de Picasso cargará con su machismo, su soberbia y su avaricia así represente simplemente unos músicos cubistas, y su calidad excelsa deberá tomarse con reservas e incluso ser ocultada a los ojos del público profano, que, obviamente, podría justificar con su admiración los deleznables defectos humanos del pintor.

La literatura, más transparente a la hora de reflejar en sus creaciones la personalidad e ideología de su autor (pienso que tendría su mérito componer una sinfonía pederasta, por ejemplo), es campo abonado para este tipo de inquisiciones. También pasa con las artes que beben de la misma fuente narrativa, como el cine o el teatro. Se está llegando a retirar libros o películas o a insertar advertencias morales que, cuando van dirigidas a un lector o espectador adulto, provocan vergüenza ajena por su paternalismo. ¿Se supone que una persona formada necesita que le señalen con el dedo el racismo evidente en muchos aspectos de *Lo que el viento se llevó* o que le recuerden que hay gran cantidad de escritores o filósofos con claras simpatías nazis? Por cierto, hay que hacer notar que muchos de aquellos partidarios de enterrar las buenas obras de dudosos ciudadanos son mucho más benevolentes con la situación inversa, es decir, los casos de quienes han engendrado enormes males para la humanidad, desde armas de destrucción masiva a planes genocidas, pero que gozan de comprensivas y glamurosas biografías que ponen de relieve sus, ejem, contradicciones humanas.

Creo que, una vez ha quedado demostrada mi animadversión hacia estos ridículos procedimientos censores, podemos pasar, en un inesperado giro de los acontecimientos, a juzgar las cualidades morales de Kafka y la influencia que pudieron tener en su obra literaria.

Hay dos métodos infalibles para juzgar la moralidad de una persona: el religioso y el marxista. Si se combinan ambos y el sujeto sale absuelto (cosa que nunca ha sucedido ni sucederá) estamos ante un ejemplo de virtud extraordinaria. Veamos.

Hasta el biógrafo más hostil a Kafka eliminaría de su expediente, de un plumazo, cinco de los siete pecados capitales. A menos que se produzcan descubrimientos inusitados, Kafka nunca incurrió en la ira (no se le conoce un solo incidente violento), en la gula (era prácticamente vegetariano, rumiaba cien veces cada bocado y solo se le puede reprochar una moderada y patriótica afición por la cerveza checa), la envidia (ni siquiera en el proceloso ámbito literario), la avaricia (nunca persiguió las riquezas y se le conocen bonitos rasgos de generosidad con amigos e incluso desconocidos) o la pereza (le gustaba la vida contemplativa, pero fue un funcionario trabajador y un escritor incansable).

¿Qué nos queda? Algún esporádico rasgo de —muy somera— soberbia intelectual (se sabía bueno en lo suyo y era un juez literario implacable para sí mismo y para los demás) y el socorrido tema de la lujuria.

La vida erótica de Kafka, como la de muchos jóvenes de su época, no fue fácil. Hasta llegar al matrimonio, las opciones amorosas se reducían a jóvenes liberadas (especie muy escasa), mujeres casadas (actividad de riesgo) o prostitutas (oneroso). Kafka relata sin ningún pudor en sus diarios encuentros con trabajadoras del sexo, habituales de todos modos en su entorno, sin más remordimiento que la inevitable tristeza subsiguiente. También sabemos de sus incursiones en burdeles en compañía de sus amigos, que no se limitaban a Praga sino que se prolongaban en sus viajes por otros lugares, en una suerte de turismo sexual. De todos modos, las alusiones al sexo de pago desaparecen con la llegada de la madurez y de las sucesivas relaciones con las mujeres que marcaron su vida.

Brod le adjudica al escritor un hijo con Greta Bloch. Bloch era una amiga íntima de Felice Bauer, la prometida de Kafka. Greta y Kafka mantuvieron una intensa correspondencia de tono bastante íntimo, en teoría acerca de la propia Felice, pero con muchos indicios de atracción mutua. Se vieron muy poco en persona y casi nunca a solas. La conjetura de Max Brod procede de una declaración, muy posterior a la muerte de Kafka, en la que Greta habla de un hijo, ya fallecido, que tuvo de soltera con un gran artista. A Brod le faltó tiempo para adjudicárselo a Kafka, pero, aunque el dato aparece en algunos medios como cierto, ningún biógrafo serio lo da por válido. El episodio no se sostiene ni apurando las coincidencias temporales ni, desde luego, se corresponde con el carácter del escritor, que es muy improbable que hubiese cometido tal deslealtad con su prometida y menos aún que hubiese desatendido sus obligaciones como padre.

Y, pasando al plano político-social, ¿fue Kafka un explotador, un misógino, un imperialista, un racista, un militarista? No se conocen las ideas políticas de Kafka. Es triste decirlo, pero en las miles de páginas que componen sus obras literarias, sus diarios o sus cartas no encontramos un asidero firme para definir un ideario coherente e inequívoco. Cada dato que nos encamina en una dirección se encuentra con otro que navega en dirección contraria.

A Kafka cada corriente ideológica ha querido llevárselo a su terreno (es una presa codiciada, sin duda). Los progresistas presentan su asistencia a mítines y reuniones socialistas como prueba inequívoca de su compromiso izquierdista, pero olvidan que en su tiempo se asistía a todo tipo de acontecimientos sociales porque eran la oferta de ocio y de cultura existente, y que Kafka y sus amigos lo mismo acudían a un encuentro bolchevique que a una reunión espiritista o un acto de exaltación nacional (checo, alemán, judío o austrohúngaro, por cierto, para más confusión). Las alusiones que se conservan colocándole en el ámbito del socialismo utópico chocan con su respeto a las instituciones imperiales (al fin y al cabo era un leal funcionario de las mismas) o su sueño de vivir en una colonia judía en Palestina. Tampoco puede tenérsele por un pacifista a ultranza: intentó varias veces alistarse en el curso de la Gran Guerra (su salud y la oposición de sus jefes a dejar a ir a un colaborador tan valioso lo impidieron), adquirió bonos de guerra (como el 99 % de sus compatriotas) y —anécdota que me encanta— hizo la preceptiva cola para visitar la fidedigna (aunque limpia: sin barro, sangre, ratas ni chinches) reproducción de una auténtica trinchera del frente que se colocó en el centro de Praga en lo más crudo de la contienda mundial.

Además, mucha gente no sabe que Kafka fue empresario. Sus padres adquirieron una fábrica de asbestos para que la regentaran él y un cuñado suyo. Kafka la odió desde el primer momento —le quitaba tiempo para escribir—, procuró escaquearse de sus obligaciones y no sintió el menor dolor cuando las circunstancias de la guerra obligaron a cerrarla ocasionando un gran quebranto económico a la familia. Los comentarios que dejó escritos sobre el aspecto físico y la catadura moral de las empleadas de la factoría (todas eran mujeres), con total indiferencia ante el duro trabajo que realizaban, no es probable que le hagan ganar puntos ante los comisarios políticos sindicalistas. Bien es cierto que este último episodio contrasta vivamente con todos los datos que nos han llegado sobre su quehacer profesional en el Instituto de Prevención de Accidentes Laborales en el que desarrolló toda su vida de funcionario. Sus informes (precisos, detallados, puro Kafka) muestran una preocupación real por la mejora de las condiciones de trabajo de los obreros del Imperio y proponen soluciones prácticas muy avanzadas para su época.

Otra cosa: Kafka fue sionista. Dicho así, en frío y en este momento, suena muy mal, lo sé.

Pero hay que explicar las circunstancias. En los tiempos del escritor la palabra «sionismo» tenía un significado muy diferente al actual: se refería al anhelo de poseer una patria propia que evitase la humillación y la marginación a la que eran sometidos muchos judíos europeos, aunque, pese a los eventuales estallidos antisemitas, Praga era un lugar relativamente amable para los miembros de este credo. Kafka era judío, obviamente, su familia lo era y él fue educado en la fe y la cultura hebraicas. Aunque en términos religiosos nunca fue lo que se dice practicante, sí se sentía parte de una corriente cultural y espiritual que venía de muy atrás. Su interés por las raíces judías fue siempre genuino: por ejemplo, investigó el teatro *yiddish*, y su influencia, así como la de la tradición cabalística, es clara en su obra; también intentó aprender la lengua hebrea, asistiendo aplicadamente a clases personalizadas.

La cuestión sionista en esas primeras décadas del siglo XX era, como en cualquier otra discusión política, un apasionado guirigay de corrientes contrapuestas. Cada judío (y cada gentil, dicho sea de paso) tenía su particular idea de lo que debía hacerse con el pueblo elegido:

desde la integración sin más en cada imperio del momento a la creación de un estado propio en la Tierra Prometida, toda la gama de grises se desplegaba ante la opinión pública. Desde luego, cualquiera que busque en la biografía de Kafka un alegato a favor de entrar a sangre y fuego en Palestina para levantar una teocracia hebrea, se sentirá muy defraudado. Kafka soñó en algún momento con llegar a las riberas del Jordán para vivir de forma humilde y entregada con sus compañeros de etnia creando una comunidad de rasgos utópicos, de fundamentos laicos y basada más en la cultura que en la religión. Planeó viajes, solo o con un amigo o con alguna de sus compañeras, pero todos quedaron en meros proyectos, como tantos otros.

La verdad es que buscar faltas al pobre Franz según los modelos estandarizados no conduce a grandes revelaciones. Pero siempre podemos colarnos por el gigantesco hueco que las religiones del libro y el materialismo dialéctico, dado su origen patriarcal en ambos casos, siempre ofrecen: el machismo. No hay, desde luego, noticias de que Kafka maltratase físicamente a ninguna mujer y, ni en sus diarios ni en su correspondencia, abunda en ninguna forma de supremacía masculina o similar: al revés, nuestro autor admiraba a las mujeres que tenían su propio trabajo y su independencia económica (como su prometida Felice), que intentaban encontrar su camino fuera del universo paterno (su hermana Ottla) o que tenían tanto talento literario como cualquier hombre (Milena Jasenska).

Lo que sí tenemos es, por un lado, el retrato de buen número de mujeres que aparecen en sus ficciones: lascivas, oportunistas, interesadas, veleidosas... ¿Son así porque el mundo en el que se desenvuelven no les deja otra opción y Kafka se limita a retratar su situación o es que el escritor ve así la condición femenina? Hum... Y, por otro, está el tema de la dominación pasivo-agresiva y el control mental. Nuestro hombre incidió varias veces en sus diarios y su correspondencia en una idea tan perversa como original: ¿cómo llegar a dominar a una mujer a través de la escritura? ¿Cómo encadenar la voluntad de su pareja a su propio mundo literario? Es una concepción perturbadora de la creación artística y que daría para mucho. Kafka abandonó esas ideas o, por lo menos, dejó de hacerlas explícitas, pero su ideal para una relación de pareja siempre fue claro: una habitación aislada del mundo, una cama y dos escritorios para que los amantes se dedicasen a su pasión literaria. Una idea terrible y fascinante.

Llegados a este punto, incluso tomando esas fantasías como un borrón en su expediente, hay que aceptar que nuestra búsqueda de faltas imperdonables en el ciudadano Franz Kafka ha resultado decepcionante. El escritor no fue un santo (nadie lo es) aunque su amigo y albacea Max Brod lo retratase como tal —santo laico, llega a llamarle— en una de sus obras. Pero solo mentes muy enfermas podrían pedir su —uf, cómo me cuesta usar este vocablo— «cancelación». No creo que haga falta explicar, de todos modos, que todo este proceso inquisitorial que he desarrollado en las líneas anteriores no es más que una pequeña broma, una ironía que me ha permitido retratar el mundo interior del escritor y acceder a algunos de los resortes de su creatividad. Como sucede con otros muchos artistas que son o serán cuestionados por sus debilidades y de cuyas obras se pretende hacer una extensión de su vida, si algún día los censores triunfasen y no se nos permitiese leer libremente a Kafka, no habría sido a causa de sus pecados, sino de los nuestros.

¿QUÉ ES «EL PROCESO»?

DESDE EL PUNTO DE VISTA PURAMENTE físico, *El proceso* son unos centenares de cuartillas procedentes de los cuadernos que Kafka utilizaba para sus trabajos, escritas entre 1914 y 1915. El original de la novela, recuperado y editado por Brod con su proverbial buena intención y sus cuestionables intervenciones, ha sufrido diversos avatares y se encuentra disperso en diferentes fondos y colecciones, destino común, hay que decirlo, de la mayor parte del legado kafkiano.

Por cierto, no quiero pasar por alto, al hablar de los originales de Kafka, un aspecto que pocas veces veo que los expertos en su obra destaquen, y es el extraordinario nivel de acabado de sus textos manuscritos. Párrafos y párrafos que se suceden de forma unitaria y formalmente irreprochable, con muy escasas dudas o correcciones.

La leyenda (*imprime la leyenda*, dice el clásico) reza que Kafka dio al fuego incontables páginas de sus escritos. Es cierto que en ocasiones habla de las llamas purificadoras que le liberan de sus fracasos literarios, aunque esto solo lo manifiesta en los inicios de su labor. Los expertos no rebaten esta idea, pero lo cierto es que se compadece mal con lo que sabemos de sus rutinas a la hora de escribir. Kafka guardó, durante muchos años, textos a los que sabía que ya no iba a volver y rescataba constantemente ideas de sus cuadernos cuando le resultaban útiles: de hecho quiso llevarse a la tumba, literalmente, todo lo que luego se ha publicado, y hablamos de cientos de páginas. Incluso nos han llegado originales manuscritos de sus obras publicadas en vida. No parecen comportamientos propios de un partidario de destruir todo lo incompleto o fallido. Sí, han desaparecido las cartas (que han de ser cientos) de las que era receptor, pero, aunque hubiesen sido destruidas por su propia mano (no estamos seguros) eso casaría mejor con su idea de la intimidad y con su pudor ante los secretos ajenos. Me imagino perfectamente a Kafka quemando su correspondencia, pero me cuesta pensar que se deshiciese de textos literarios simplemente porque los considerara inmaduros o no publicables.

¿DE QUÉ TRATA «EL PROCESO»?

RESUMIR CUALQUIER NOVELA (O, YA PUESTOS, cualquier película, u obra de teatro, o serie televisiva...) no siempre es tarea fácil. Algunas se resisten por largas, otras por complejas, otras por erráticas, otras por... cualquier razón que se nos ocurra.

Recuerdo (sí, soy muy mayor) cuando intentábamos contar a quien no los había visto, aquellos primeros episodios de *Los Simpson*. Duraban veinte minutos y tardabas media hora en contar solamente el *gag* inicial. Yo no me considero especialmente inepto resumiendo novelas, incluso lo he hecho profesionalmente: no temo concentrar en pocas líneas *Los miserables*, *Lolita* o incluso algún texto (siempre que no sea de los más profundos) de Vizcaíno Casas o de Corín Tellado.

Pero resumir a Kafka me resulta muy, muy difícil. Desde luego, no hay dificultad alguna en contar la trama aparente de cualquiera de sus obras, incluso en una sola frase: «un hombre despierta convertido en insecto», «un joven recorre Estados Unidos», «un agrimensor trata de incorporarse a su puesto de trabajo»... Pero, si se quiere ampliar el foco, todo acaba resultando ridículo, o pobre o pomposo o, simplemente, falso. En cuanto abandonamos el sucinto relato de la acción (que puede ser mínima) nos metemos en el terreno de la interpretación y ahí todo el mundo naufraga.

Vamos a intentarlo. Vamos a tratar de contar *El proceso*. Será un fracaso, pero quizá un fracaso productivo.

El protagonista de *El proceso* es Josef K. K., nunca sabremos su apellido completo, es un hombre aún joven, empleado de banca de cierto nivel: nos enteraremos de que tiene su propio despacho, subordinados, una relación cercana con el director de su oficina. También sabremos de su rivalidad con otro alto cargo del banco.

K. está soltero y vive en una casa de huéspedes. Tiene algunos amigos con los que hace tertulia, una amante que comparte con otros hombres y una madre que vive en otra ciudad (no sabemos en qué ciudad vive K., por cierto: todo el mundo supone que Kafka sitúa la acción en Praga, pero nada lo explicita. ¿Ven?, ya comenzamos a liarnos). También aparecerá un tío que vive en el campo y que tendrá un papel destacado en un capítulo de la novela.

La acción comienza cuando dos hombres con apariencia de agentes de alguna autoridad (pero eso solo lo podemos deducir de su aspecto y sus actitudes) aparecen una mañana en la habitación de K. cuando este apenas se está despertando. Le comunican que ha sido acusado y se ha iniciado un proceso contra él. Se comportan de forma prepotente y grosera con K. y con otros huéspedes de la pensión y acaban marchándose (K. pensaba que estaba detenido y lo llevarían con él) tras instar a K. a presentarse ante el tribunal que le juzga y seguir sus instrucciones.

Este es el inicio de *El proceso*. Muy resumido, con abundantes lagunas que pueden dar pistas falsas. A partir de aquí ya habría que optar por el socorrido truco de las solapas y las contraportadas y decir algo así como: «Desde ese momento, el proceso absorberá la vida de K., quien empleará todas sus fuerzas en la lucha contra una entidad misteriosa que parece tener un absoluto control sobre la vida de todos los acusados». Y aquí ya oímos la risa de Kafka y nos avergonzamos.

Y es que cada paso que demos hacia adelante en la explicación de *El proceso*, implica volver atrás, recapitular, poner en orden la información que se nos va dando. Hay que distinguir al narrador del protagonista, hay que separar la acción ¿real? de la que se desarrolla en la mente de K., hay que poner en cuarentena lo que cada personaje con el que K. se cruza en sus pesquisas nos cuenta sobre el tribunal y sus procedimientos, ya que sus intenciones están contaminadas por sus propios intereses...

Cada capítulo de *El proceso* podría, evidentemente, resumirse: K., a raíz de su detención, intenta aproximarse a una joven huésped de la pensión (y a una amiga de esta misma); K. se somete a los primeros interrogatorios y conoce las peculiares sedes del tribunal; K. recibe la visita de su tío del campo que le apremia a hacerse con los servicios de un abogado; el abogado acepta hacerse cargo del caso de K., que, de paso, es seducido por la criada de este; se nos lleva hasta un miserable pintor, retratista del tribunal, que promete ayuda a K. a cambio de que este compre sus cuadros; el capellán del tribunal (idea bien marciana ¡un *capellán de tribunal*!) entabla con K. una larga conversación escolástica en una catedral desierta y oscura; K. es finalmente ejecutado por dos sicarios en un apartado arrabal…

Todo eso cuenta *El proceso*. Y todo este resumen no nos vale para nada.

¿POR QUÉ DEJÓ KAFKA INACABADO «EL PROCESO»?

Este es el gran misterio, el gran signo de interrogación sobre la obra de Kafka. ¿Por qué no puso fin a las novelas y relatos que dejó inconclusos a su muerte? ¿Hay un factor común que une todas esas obras incompletas o cada una tiene su propia historia?

Para evitar nuevamente la creación de un suspense artificial lo diremos alto y claro. No se sabe. Nadie ha dado con una clave satisfactoria que explique el comportamiento del escritor.

Hay que tener en cuenta que las obras que Kafka dejó sin terminar superan en enorme proporción a aquellas a las que dio cumplido remate. Incluso sin tener en cuenta los pequeños esbozos o los apuntes de pocas líneas, nos quedan un montón de páginas con relatos, capítulos enteros de ambiciosas novelas, aforismos... Incluso intentos de creación dramática o poética. Entre lo que Kafka consideraba que ya no era merecedor de nuevos esfuerzos se cuentan dos extensos relatos que, suponemos, podrían haberse convertido en, al menos, obras de la extensión y ambición de *La transformación* (conocida durante mucho tiempo por el nada kafkiano título de *La metamorfosis*): *Preparativos de una boda en el campo* y *Descripción de una lucha*; varios cuentos largos, algunos tan logrados como el extraordinario *La construcción* y, sobre todo, tres novelas en muy avanzado estado de gestación que, incluso en su actual estado fragmentario, se sitúan sin problemas entre lo mejor de la literatura universal: *El desaparecido* —la titulada *América* por Brod—, *El proceso* y *El castillo*.

En algunos casos se pueden aducir algunos motivos creíbles para la actitud de Kafka. Los dos primeros ejemplos citados (*Preparativos...* y *Descripción de una lucha*) son obras de juventud, un tanto inmaduras, sin duda influenciadas por las corrientes literarias en boga. Mezclan el naciente expresionismo con otras vanguardias artísticas y literarias en una forma que a veces tiende a la confusión. Aun así, el nivel es muy alto y ambas, publicadas en el momento en que se estaban concibiendo, hubieran supuesto para el autor una buena plataforma de lanzamiento. De igual modo, puede considerarse que *El desaparecido* ofrecía quizá demasiadas opciones de continuación y acusaba en su desarrollo el cambio de estilo que en Kafka se estaba manifestando durante los años de su composición.

Los relatos ya muy elaborados como el citado *La construcción* o los dedicados al cazador Gracchus y otros de, sobre todo, sus años finales es posible que se viesen interrumpidos por sus problemas de salud y su temprana muerte. Lo mismo podría decirse de *El castillo*, que queda colgado, literalmente, en mitad de una frase. Esta última obra también acusa su ambición y su desmesura: hay abundantes tramas abiertas y la prosa es tan densa y depurada que es fácil anticipar que quedaba por delante una ardua labor, quizá excesiva para las mermadas fuerzas del Kafka de los últimos años.

Todo lo anterior son solo suposiciones, pero con cierta base y, pese a que la pérdida es enorme, quizá podríamos llegar a darlas por lógicas o, al menos, entendibles. Pero *El proceso* es otra cosa. Lo que nos queda de esta novela es sólido, homogéneo. Tiene un principio y un final completamente definidos y capítulos intermedios también perfectamente pulidos. Y todo ello es de una calidad tan evidente que, incluso al autocrítico Kafka tenía que parecerle a la altura de cualquiera de las obras que sí dio a imprenta.

Se puede aducir que, una vez expuesta la trama en los primeros capítulos (vamos conociendo el funcionamiento del tribunal, vemos a K. buscando las claves de su defensa...), incorporados los personajes principales (la señorita Bürstner, los trabajadores del banco, el tío, el abogado, Leni, el pintor...) y puesto perfectamente en marcha el mecanismo de la novela, hay un salto claro hasta el capítulo «En la catedral», que suele colocarse justo antes del último. «En la catedral» es un episodio sombrío. K. ofrece en él una imagen más fatigada y pesimista. Le falta el empuje de los primeros capítulos. Dos o tres capítulos serían lo mínimo para llegar a ese punto. Y tras «En la catedral» puede echarse de menos un último (o últimos) eslabón que enlace con el ya resignado y envejecido K. del capítulo final. Puede ser que Kafka tuviese pensados más episodios: en sus esbozos hay una visita a la madre, más escenas en el banco o un encuentro con el amigo fiscal; pueden desarrollarse más las entrevistas con el pintor, puede haber nuevas revelaciones de otros personajes... Los saltos de la narración son evidentes, pero quizá no tanto para un lector casual o para alguien que no conozca el estado inacabado de la novela: es seguro que miles de personas han leído *El proceso* y lo han dado por bueno, como relato perfectamente acabado en las versiones que suelen publicarse (y que no siempre advierten de la condición en que lo dejó su autor). Desde luego, el enlace entre unos capítulos y otros es muchísimo menos abrupto que el de otras ficciones: entre el acto IV y el V del *Hamlet* de Shakespeare, por ejemplo, hay una brecha cuántica en la trama y el carácter de los personajes y nadie ha pedido nunca la devolución del precio de la entrada por esa causa.

Entonces, si no es un asunto de estructura, ya que esta se halla perfectamente definida, ¿cuál es el problema? No puede ser el estilo. Los capítulos terminados y los inacabados están esculpidos con la mejor prosa del autor, y pienso que Kafka debía ser consciente de ello.

En mi opinión, que es tan válida como la de cualquiera, pues el escritor no nos ha dejado ninguna clave acerca de su decisión, Kafka se encontró con un problema de enfoque. *El proceso* tiene dos personajes principales. Uno es Josef K. Creo que se ha minusvalorado mucho la dimensión del protagonista de *El proceso*. K. es una de las personalidades mejor definidas, más complejas, reales y fascinantes de la historia de la literatura, a la altura de cualquiera (repito, *de cualquiera*) de los personajes de ficción creados por la mente humana. La profundidad psicológica que Kafka confiere a su criatura es extraordinaria: el hilo de sus pensamientos, su carácter, sus gestos, sus actos... todo forma un conjunto impecable que nos pone ante un ser vivo, palpitante, al que llegamos a conocer a la perfección, muy lejos de la condición de mero símbolo, de ente esquemático que solo sirve para introducirnos en la parábola en clave en que se ha querido convertir la novela.

Hay, parece claro, dos inconvenientes que han oscurecido esta realidad. El primero es la dimensión cegadora del otro protagonista, del que hablaremos enseguida. El segundo, es que K. es un personaje muy antipático: en la inmersión que Kafka efectúa en su mente, no nos ahorra ninguna miseria, ninguna cobardía, ninguna debilidad. Como veremos en otro apartado, los que han querido ver en Josef K. un trasunto del propio autor no sé dónde estaban mirando.

Tras pasar por el aparente protagonista principal de *El proceso*, llegamos al que considero el punto central del misterio. Al personaje que domina la novela y el causante de que Kafka nunca la terminara. El tribunal.

El tribunal que juzga a K. es la gran creación de Kafka. En él sí que volcó gran cantidad de experiencias propias y lo convirtió en el espléndido artefacto que sigue fascinando a los lectores más de cien años después. Ahí está la familia, que decide por cada uno de sus miembros; ahí está el sistema educativo del Imperio, memorístico, inflexible; ahí están los círculos intelectuales y sus mandarines; ahí está la mirada de la mujer que va a entrar en tu intimidad y te verá tal como eres...

Sí. Kafka temía los tribunales. No le hizo falta soportar ningún proceso judicial real para saber cómo funcionan, quiénes los manejan o la forma en que pueden destrozar una vida.

En *El proceso*, Kafka habla del tribunal. Su intuición es perfecta: va presentando, en cada capítulo, en cada nuevo avance de K. a través de su peripecia judicial, un aspecto diferente del organismo. Sus contactos con los sicarios, los jueces de instrucción, las personas que forman parte de las asambleas, los estudiantes, los empleados; sus visitas a los diferentes locales que parecen conformar el espacio físico del tribunal nos proporcionan una parte de la información. Las conversaciones con el abogado, el pintor o el sacerdote nos muestran otros aspectos del mismo, no siempre fiables, no siempre homologables. Y también está el tribunal invisible, el más terrorífico, el que K. va formando en su imaginación, el que construye para juzgarse a sí mismo.

Con esos materiales Kafka edificó un relato único, insuperable. Pero esa fragmentación, que no impide que cada capítulo por separado refleje con brillantez aspectos del tribunal, termina por constituir el gran problema del texto, el que seguramente Kafka consideró irresoluble. En efecto, al igual que sucede en esas películas en las que el monstruo radioactivo lo mismo se eleva por encima de los rascacielos que siembra el pánico en una estación de metro, las dimensiones del tribunal, sus funciones, su alcance o su mismo espacio físico, fluctúan y se dispersan. Tras varias lecturas, queda claro que el rompecabezas elaborado por Kafka no consigue encajar sus piezas. El tribunal es poderoso y miserable, clandestino o ampliamente conocido, lento o fulminante. Sus componentes rozan la condición de dioses inalcanzables o son patéticos funcionarios menesterosos. Su existencia se muestra paralela, superpuesta o enfrentada a los tribunales ordinarios. Sus audiencias o la propia comunicación con sus jueces pasa de manifestarse imposible a estar a una llamada telefónica de distancia. Los ejemplos se multiplican, y no siempre en negativo: muchas veces esa indefinición o esa contradicción proporcionan grandes hallazgos literarios. Hay ejemplos deslumbrantes (las citas no son literales y las cursivas son todas mías): «El tribunal actúa porque se siente *atraído* por la culpa»; «el tribunal *no quiere nada de ti*: te recibe cuando llegas y te despide cuando te vas»; «la sentencia puede llegar en *cualquier momento* y serte comunicada por *cualquiera*»; «es casi imposible una verdadera absolución: existe la posibilidad de diferir la sentencia o la de conseguir una *absolución aparente*, pero nada cambia en realidad en el proceso»; «los abogados no son permitidos oficialmente ante el tribunal, solo son *tolerados*»; «es casi seguro que *nadie* leerá el primer escrito de defensa, pero aún así es necesario hacerlo, y poner en él todo el cuidado»; «muchos acusados se obsesionan con cambiar el sistema: eso es imposible y les consume unas energías muy necesarias que deberían dedicar *a su propio caso*»...

Voy a detenerme un momento en el capítulo que, a mi entender, presenta con más claridad el problema al que se enfrentó Kafka. Es el llamado «El flagelador». Está situado al principio del libro, apenas después de los primeros contactos de K. con el tribunal. Se trata de un capítulo, como casi todos los demás, perfectamente terminado, y tanto su nivel de acabado literario como la genialidad de su contenido no admiten discusión. En él se narra como K., un día en el que ha tenido que trabajar hasta el anochecer, se encuentra saliendo del banco por un pasillo desierto. Tras una puerta, en la que K. nunca había reparado realmente y que se supone que da a un simple trastero, se escuchan ruidos y conversaciones. K. abre la puerta y se encuentra a los dos sicarios que fueron a detenerle a su casa desnudándose ante un verdugo que se dispone a flagelarlos con una vara: es el castigo que han provocado las quejas de K. ante el tribunal por el comportamiento de los dos hombres. K. conversa con los sicarios y con el verdugo, se siente culpable de que sus palabras hayan tenido ese efecto, intenta mediar para evitar el tormento sin conseguirlo. Al día siguiente, K. vuelve a pasar por el mismo lugar y oye idénticos sonidos: tras la puerta está teniendo lugar exactamente la misma escena.

El capítulo tiene un evidente tono sadomasoquista y homoerótico (no inhabitual en Kafka; hay ejemplos sobrados): el verdugo viste de cuero, la vara golpea los cuerpos desnudos, K. se enternece ante la súbita vulnerabilidad de sus antiguos enemigos... La idea de que el tribunal extiende sus tentáculos hasta el mismo lugar de trabajo de K. es inquietante. El final se abre a lo sobrenatural. Todos son elementos puramente kafkianos y la realización formal es, como queda dicho, impecable. Pero el capítulo chirría. No se relaciona bien con el resto de la novela, más realista, más verosímil, menos explícita. En *El proceso* hay momentos chocantes, incluso a veces se roza el surrealismo; hay episodios bufos propios de las comedias del cine mudo (los abogados que agotan a un empleado del tribunal que les va echando escaleras abajo), hay gestos desplazados y antinaturales tomados del teatro *yiddish* (el comerciante Block), momentos de erotismo malsano, sueños... Pero *El proceso* no se desarrolla en otra dimensión, ni en el infierno, ni en la mente del protagonista. Sacado de su contexto realista, llevado al País de las Maravillas, el relato amenaza con perder su fuerza. Ese desliz inquietante que supone *El flagelador* no podría quedar fuera del radar de Kafka.

Esta es mi teoría: Kafka tenía clara la estructura y el hilo conductor del libro. Tenía capítulos enteros terminados, pulidos, perfectos. Pero la coherencia se le iba en una pura acumulación de recursos imaginativos, por sensacionales que estos fueran. Cambiar un aspecto del tribunal y su funcionamiento suponía ir hacia atrás o hacia adelante para modificar el resto. Para nuestra desgracia, Kafka se rindió y *El proceso* nunca fue terminado.

¿CÓMO SE DEBE INTERPRETAR «EL PROCESO»?

BUENO, AHÍ VA OTRA RESPUESTA RÁPIDA Y concisa: no hay que interpretar *El proceso*. A Kafka, como por otra parte a todos los grandes autores, se le analiza desde todos los puntos de vista imaginables. Hay gruesos volúmenes dedicados a la botánica en las obras de Shakespeare (que es muy importante, ojo) o a la teosofía y el krausismo de Valle-Inclán. A Kafka se le ha estudiado desde la religión, la filosofía, la política, el psicoanálisis, la sexualidad... Lo que menos se ha hecho, curiosamente, es tratarlo desde el punto de vista literario. Y eso hubiese asombrado y, quizá, irritado levemente (era un hombre educado) al escritor.

Kafka, es evidente, se interesó por múltiples aspectos de la vida y del arte. Su curiosidad era grande y su mirada precisa y analítica. Recogía impresiones e información de todo lo que le rodeaba, y recordemos que vivió momentos muy interesantes de la vida europea. Eso se refleja en su obra y es lícito analizarla en busca de sus significados ocultos. Pero cuando Kafka cogía la pluma y empezaba a deslizarla por el papel, su única intención era hacer literatura. Nunca pretendió crear un corpus religioso, o filosófico, o político, sino ponerse a la par con sus admirados Flaubert o Dickens. Han sido sus intérpretes los que han convertido a veces sus obras en algo que nunca pretendieron ser, buscando claves que conducían a revelaciones que nunca existieron. Kafka no escribía en símbolos, sí a veces en alegorías o alguna especie de parábolas que reflejaban otras realidades. Pero todos los que intentan descifrar a Kafka acaban fracasando: hay demasiadas cosas, demasiadas alusiones, a veces contradictorias, demasiadas pistas falsas.

Dos ejemplos bastarían. Kafka escribió la noche del 22 al 23 de septiembre de 1912, de un tirón, su cuento *La condena*. Estaba muy orgulloso de este relato, y con razón: es excelente y podemos decir que con él supera la primera etapa de su carrera literaria y comienza su periodo más fértil y personal, aunque, en mi opinión está por detrás de muchas de sus obras posteriores (no digamos ya de *El proceso*). En una carta, cuenta a su prometida la experiencia: la noche en vela, la inspiración continua, el gozo del artista en su logro... Luego intenta explicar a Felice la narración. Kafka balbucea, se pierde, se enreda miserablemente y acaba confesando que ignora el sentido del relato, si es que tiene alguno. El propio autor, con su obra todavía reciente y con todo el proceso de creación aún en su cabeza, no sabe interpretar su escrito más allá de su sensación de que es un logro literario que le lleva a nuevos mundos. En él ha puesto algunos de sus temas recurrentes: las relaciones paterno-filiales, la irrupción de lo irracional en los planes mejor trazados, el éxito o el fracaso como producto de factores que escapan a cualquier tipo de control... También Praga, el mundo burgués, la mujer como amenaza al mundo ordenado del hombre. Todo eso está ahí, pero no podemos extraer cada aspecto y darle un significado. Tenemos un cuento. Literatura.

El otro ejemplo toca de lleno a *El proceso*. Se trata del célebre relato «Ante la Ley». Fue el único fragmento de la novela que Kafka dio para su publicación. Su tema es conocido: un hombre quiere entrar a la Ley, llega a la puerta, pero un guardia le impide el paso. La Ley es inaccesible. El hombre dedica toda su vida a esperar el momento de entrar, aguarda pacientemente, lo intenta todo para convencer al vigilante, que se muestra inflexible. Al final el hombre va a morir sin haber entrado a la Ley y el guardián le dice, en el momento de la agonía, que aquella puerta era para él solamente y que, cuando el hombre al fin muera, la cerrará y se irá. La fama del cuento es justa. Es deslumbrante e inagotable (y está extraordinariamente escrito, con la precisión inigualable del autor). Evidentemente todo el mundo se ha lanzado a interpretarlo con mayor o menor fortuna. Miremos un poco más allá. En la novela, el relato forma parte del capítulo «En la catedral» del que ya hemos hablado. K. ha ido al templo para enseñárselo a un cliente del banco, que no se presenta. Allí, en las naves oscuras y desiertas, le llama un sacerdote (sabremos que es el capellán del tribunal que juzga a K.) y mantiene con él la conversación en la que se inserta «Ante la Ley». En la novela, tras la narración del cuento, ambos personajes discuten largamente sobre el sentido de la historia, curiosamente en un estilo entre rabínico (pese a que el sacerdote es cristiano) y escolástico. Inciso: no sabemos nada de la religión de K., Kafka habla muy poco de la etnia o de la fe de sus personajes, y, pese a que toda su obra se interpreta generalmente como imbuida de la cultura hebraica, es fama que, en toda su obra, solo utiliza una vez la palabra 'judío'. En sus relatos no aparece ningún rabino y no se hace mención directa a costumbres o a fiestas judías. Seguimos con «Ante la Ley». Los dos personajes de la historia terminan su diálogo sin llegar a ninguna conclusión: el cuento puede ser interpretado de miles de formas distintas, todas válidas, todas inútiles. Al final, se trata de un relato. De literatura.

Los personajes de Kafka, personajes como K., el joven Rossmann o el agrimensor, se pasan casi todo el tiempo *interpretando*. Intentan descifrar su entorno (muchas veces hostil o desconocido), pretenden averiguar las intenciones de los personajes que se cruzan en su camino (que siempre parecen estar unos pasos por delante de ellos en su conocimiento del mundo en el que viven), tratan de conocer el funcionamiento de objetos, máquinas o instituciones (a veces de características chocantes o directamente absurdas a sus ojos)... Un rasgo genial del escritor es que las explicaciones proporcionadas con aplomo y seguridad por quienes presuntamente están al tanto de las respuestas, ya sean personajes del relato o —y esta es una novedad estupenda— el propio narrador, dejan a quien busca la información (personaje o lector) exactamente igual que al principio. Los personajes de Kafka no avanzan en sus investigaciones ni tampoco lo hace quien lee sus andanzas. No hay interpretación posible en el universo de Kafka. La pregunta de este apartado no tiene respuesta.

¿ES K. CULPABLE O INOCENTE?

CURIOSAMENTE, A TRAVÉS DE LA NARRACIÓN de *El proceso*, esa cuestión va perdiendo toda importancia. Nadie le pregunta a K. qué ha hecho, ni se interesa por su culpabilidad o inocencia. Solo importa que su actitud ante el tribunal sea la correcta, que prepare bien su defensa y siga los pasos establecidos. Esa actitud de la masa que rodea a K., tan desasosegante, tan del siglo XX, es una de las muestras de genio más extraordinarios de la novela.

Para contestar a la pregunta del título tenemos tres facetas a explorar. La primera frase del relato, el devenir de la novela y los apuntes sobre asunto del propio Kafka en sus cartas y diarios.

Para mí, el inicio de la novela, su primera frase, es el mayor enigma de la misma. Veamos los hechos.

> Alguien debía haber calumniado a Josef K., porque, sin haber hecho nada malo, fue detenido una mañana.

La frase es justamente famosa. Uno de los principios más conocidos de la historia de la literatura. El problema es que no concuerda en absoluto con todo el resto del relato. Es más, lo contradice en prácticamente todos sus términos.

Como decían Les Luthiers, analicemos la frase.

El narrador omnisciente (no siempre Kafka usa este recurso, a veces narra en primera persona y hay ocasiones en las que una narración comenzada en un estilo ha saltado a otro en una revisión de la misma) nos suelta ya en esta primera frase la primera bomba de racimo. Especula (*Alguien debió…*), habla de una calumnia (luego es una acusación que ya sabemos falsa desde su origen) y hace una afirmación-*spoiler* que, en teoría, habría de marcar toda la novela: *sin que K. hubiese hecho nada malo*. ¿Qué significa 'malo' para este narrador? Esto desactiva muchas de las claves del relato. K. acaba sintiéndose culpable, hace repaso de su vida y sus actos… Toda la eficacia dramática de esos tormentos morales se pierde si atendemos a esta primera revelación, a no ser que K. o el lector tengan un concepto distinto de lo que es 'malo'. No es grave desvelar el final o dar la clave de una ficción al mismísimo principio: ahí están *Crónica de una muerte anunciada* o *Love story*, pero sí lo es hacerlo de esta forma: ¿es una información falsa? ¿Es una nota discordante al principio de una composición musical que continúa por caminos perfectamente armónicos? Si en mitad de la novela hacemos un alto y volvemos a la primera frase, que quizá ya habíamos olvidado, el sentido del relato cambia por completo. ¿No debería K. buscar al autor de la calumnia? ¿Funciona el tribunal (de cuyo comportamiento nos estábamos haciendo una idea distinta) a base de acusaciones interesadas? La ambigüedad sobre el comportamiento humano —qué es bueno, qué es malo—, es uno de los temas principales que parece sobrevolar *El proceso*. Con esta frase ya no podemos opinar sobre las acciones de K., si su egoísmo, su competitividad, su comportamiento con las mujeres, merecen reproche o castigo: ya se nos ha dicho que *no son malas*. Imaginemos que el narrador de *El extranjero* de Camus hiciese un alto en el relato para decirnos que el protagonista *no hizo nada malo*, o que al principio de *El gran Gatsby* se nos advirtiese de que el comportamiento de su protagonista fue siempre intachable, ¿no perderíamos algo fundamental del espíritu de esas obras?

El autor elige eliminar una parte del suspense para llevar al lector por otros derroteros. El problema en *El proceso* es que esta frase se contradice tanto en el estilo como en el contenido con todo el resto de la novela. El narrador, a partir de este momento, ya no volverá a especular, opinar o adelantar acontecimientos. Se limitará a seguir las andanzas de K. poniéndose en su lugar, adoptando su punto de vista y sin adentrarse nunca en hechos de los que K. no es testigo, ni mucho menos en los pensamientos de los demás personajes: solo conocemos al abogado, a Leni o al pintor a través de su relación con K. y por medio de lo que estos hacen o dicen *en su presencia*.

El capítulo inicial de *El proceso* es justamente lo primero que escribió Kafka de esta novela. Sin duda, tuvo que releerlo y repasarlo más veces que el resto del texto. Dada la perfección formal y el pulido acabado temático de los capítulos restantes, no hay motivo para pensar que, precisamente aquí, Kafka estuvo descuidado o actuó de modo provisional. Además está el hecho de que el propio autor leyó este capítulo a sus amigos. ¿Cuántas veces releyó o repasó Kafka este inicio mientras componía la novela? ¿Nunca fue consciente de la carga de profundidad de esta frase? Los escritores a los que Kafka admiraba son célebres por su cuidado extremo en la coherencia de sus textos y, también hay que apuntarlo, por la elección depurada de las frases que inician sus escritos, algunas universalmente famosas. Si se trata de un desliz, no recuerdo uno semejante en toda la obra de Kafka. Hay que pensar que el escritor decidió de forma consciente este principio y lo mantuvo durante todo el periodo de tiempo que dedicó a la novela.

Es extraño que toda esta contradicción no haya suscitado más debate. Aquí me he limitado a exponer los hechos que, en este caso, no dejan demasiado espacio a la interpretación. No tengo opinión sobre por qué esta frase da comienzo a *El proceso,* ni consigo discernir la intención del escritor al colocarla en su lugar. Por una vez, me he quedado sin teorías.

En el desarrollo de la novela, las pistas sobre la culpabilidad o no de K. (nunca sabemos de qué se le acusa) son débiles, dispersas y contradictorias. K. en ningún momento se siente culpable —aunque ya hemos hablado de que su autoanálisis le lleva a cuestionarse toda su existencia—, y solo busca un interlocutor válido del tribunal para poner las cosas claras. Pero, como ya hemos visto, eso es imposible. Al final, K. acepta que el tribunal le ha declarado culpable, quizá ya desde el principio, y se resigna, busca incluso la muerte, acabar con todo. Pero, contra lo que se ha venido diciendo, no hay ningún momento en que K. manifieste que él se ha dado cuenta de que es culpable de algo. Es el talento de Kafka el que nos conduce a ese juego de espejos: la insistencia del tribunal y el carácter del protagonista nos llevan a creer que tiene razón. Nos hemos puesto de parte del monstruo.

Por último, dejemos hablar al único que, en principio, sabe la verdad sobre su personaje. En el momento en que abandona de forma definitiva la redacción de *El proceso*, Kafka deja escrita en su diario una frase concluyente. Habla de Karl Rossmann, el protagonista de *El desaparecido* y de Josef K. Ambos están condenados a muerte. Los dos iban a desaparecer en el último capítulo de sus proyectadas novelas. El escritor les etiqueta, con total literalidad, por última vez: «el inocente y el culpable». Kafka, pese a su primera frase (al final, sí había hecho algo malo, no eran calumnias), pese a la ausencia de juicio o de pruebas, pese a la venalidad escalofriante del tribunal, ya ha pronunciado la sentencia.

¿Conclusión? Podemos pensar que el escritor tiene la última palabra y que no hay duda sobre la culpabilidad de su personaje, pero no es así. Una de las características de la gran literatura, del gran arte, en general, es que las intenciones del autor no siempre corresponden con la impresión que se lleva el lector o espectador. Los personajes de ficción tienen vida propia, se escapan de los límites de la obra de arte y viven en un imaginario colectivo en el que cada cual nos formamos nuestra opinión, que también puede ser cambiante o ambigua. Nadie, ni siquiera Kafka, tiene la última palabra sobre la culpabilidad o la inocencia de K.

¿ES K. EL PROPIO KAFKA?

En la sociedad en la que vive, K. es un claro ejemplo de trepa, al que vemos haciendo lo posible por ascender en su banco, usando para ello todos los medios a su alcance: eso es impensable en Kafka. K. es prepotente y altivo, sobre todo con las personas de clase social inferior, comportamiento que en el escritor nunca se manifestó. K. es un depredador sexual. Tiene una amante promiscua, por la que no muestra amor, sino simple lascivia; K. es un personaje autónomo, al igual que —no nos cansaremos de repetirlo— *El proceso* es literatura y no un diario (Kafka ya llevaba uno) o una *Carta al padre*.

Identificar a los personajes literarios con su autor es un ejercicio tan antiguo como la ficción literaria. Hay que decir que, casi siempre, pueden rastrearse rasgos del autor y de su vida en cualquier ficción: los escritores trabajan con un material que incluye sus propias vivencias, pero, sobre todo si hablamos de literatura de cierto nivel, yo recomendaría no llevar muy lejos las presuntas concordancias entre vida y obra: un buen narrador sabe separar lo biográfico de lo inventado. Dicho esto, no es menos cierto que existen multitud de obras en las que la frontera parece difuminarse. A veces, el asunto es diáfano y el mismo creador manifiesta a las claras que el héroe de sus relatos no es otro que él mismo con un disfraz más o menos (casi siempre menos) elaborado. En otras ocasiones, el escritor se camufla de forma más eficaz y ha de ser el tiempo o postreras confesiones las que proporcionen las claves que superponen realidad y ficción. Otras veces se produce el gran malentendido: en obras que no presentan apenas pistas para ello se llega a la conclusión de que personaje y autor son el mismo sujeto y por tanto se colige que la narración literaria no es otra cosa que una biografía en clave.

Bueno, no hay premio para quien haya adivinado cuál de los supuestos anteriores se ha aplicado sistemáticamente a Kafka y su obra. El origen de la confusión está en las fuentes por las que accedemos al conocimiento del escritor. Ya hemos comentado que Brod y quienes continuaron su labor de revelación del escritor al mundo tenían a su disposición muchísimo material biográfico. Todas esas cartas, diarios y anotaciones, salieron a la luz *al tiempo* que las obras puramente literarias de Kafka. Ya hemos comentado como la primera recepción de la obra del escritor estuvo muy condicionada por elementos extraliterarios: filosóficos, religiosos, políticos... Esta segunda confusión ha provocado efectos aún más perversos: si Kafka es no solo K., sino prácticamente cualquiera de sus personajes, nos resultará imposible leer sus relatos en otra clave que no sea la biográfica, y eso es letal para la comprensión de toda su obra.

Es cierto que a veces es el propio autor el que nos lo pone demasiado fácil. Vimos como Kafka, en sus cartas y diarios, gusta de quejarse continuamente de sus padecimientos físicos y psíquicos (aunque, curiosamente, luego no se mostraba tan desesperado e incapaz en su vida diaria: trabajaba, alternaba o viajaba sin exteriorizar tan insondables sufrimientos). Es imposible que esa actitud masoquista no transluzca en sus ficciones de uno u otro modo: el muerto viviente Gracchus (grajo es *Kavka* en checo) bebe de su sensación de ahogo existencial, el joven desorientado de *El desaparecido* tiene rasgos del Kafka adolescente o Gregorio Samsa (todo el mundo resalta que el apellido del personaje remite al del autor) refleja el sentimiento de exclusión del propio Kafka con respecto a la familia o la sociedad. También hay algún solterón (curiosamente, nuestro hombre nunca hizo esa vida de célibe solitario que describe en algunos relatos, pero sí queda constancia de que *la temía*: está reflejando un futuro posible, no una experiencia personal directa) u otros caracteres que se pueden asociar de un modo u otro al escritor. Eso sí, ningún personaje de Kafka se dedica a la literatura.

Entonces ¿cómo no suponer que detrás de los dos personajes que se presentan con la letra K. (¡la letra ka!) se esconde el mismo autor? Es como sumar dos y dos. Y el cuatro es una constante en los estudios sobre el escritor.

Yo, admitiendo que los personajes literarios siempre tienen algo de sus autores, discrepo totalmente de la identificación entre los protagonistas de *El proceso* y *El castillo* con el propio Kafka. Es cierto que pueden compartir algunos rasgos (edad, clase social, entorno...), pero difieren radicalmente en carácter y forma de ser o comportarse. El K. de *El castillo* es prepotente y agresivo. Presuntamente se trata de un impostor o, al menos, miente con facilidad. Su trato a las mujeres es puramente sensual y utilitario. Desprecia a los habitantes de la aldea y considera que puede imponerse a los funcionarios del castillo. No muestra ningún rasgo de sensibilidad estética o espiritual: el material literario de la novela, que incluye meditaciones, comparaciones o metáforas, todo él de un nivel estratosférico dicho sea de paso, es producto de la mente del autor, no de la psique del personaje. El agrimensor no se parece a la imagen que tenemos del Kafka de carne y hueso en lo más mínimo.

Y vamos con la otra ka, la que más nos interesa en este escrito, el protagonista de *El proceso*. Es convención universal que el personaje no es sino un trasunto del propio autor y que su combate contra el misterioso tribunal es el fiel reflejo de las tribulaciones personales de Kafka en su vida laboral y sentimental.

Hombre, dirán los partidarios de la teoría, si tenemos un joven varón checo de habla alemana; soltero; que vive en Praga (no llega a decirse el nombre de la ciudad, pero aquí no hay dudas); una ciudad moderna con su neurosis y su alienación; que trabaja en un puesto burocrático; que tiene complicadas relaciones eróticas y que, de repente, se ve juzgado, espiado y manejado por otras personas (curiosamente varias de las obsesiones y paranoias del escritor), lo tenemos blanco y en botella: Kafka nos está relatando en clave literaria su situación en los años en que desarrolló su narración. Estos analistas no están solos en la galaxia, autores tan atinados normalmente en temas kafkianos como Elias Canetti, patinan gravemente en este asunto: el nobel búlgaro considera *El proceso* como una versión en clave del noviazgo de Kafka con Felice Bauer. Canetti estudió a Kafka con detenimiento y nos ha legado páginas de extraordinaria lucidez sobre el escritor, pero, aunque resulte muy atrevido llevarle la contraria a todo un Nobel, esa conclusión me parece, por decirlo suavemente, muy equivocada.

Como en el caso de otros protagonistas kafkianos, el K. de *El proceso* comparte esos rasgos citados con el escritor. Kafka escribe sobre lo que conoce: sus personajes principales tienen su edad, su lengua y comparten (más o menos) el entorno en que se mueven. Pero una vez dadas estas coincidencias, y como nos ha sucedido en el caso del agrimensor, las divergencias se disparan. El K. perseguido por el tribunal no tiene en absoluto el carácter del escritor, por lo menos *antes* de ser acusado en su proceso: por lo que se nos cuenta del personaje, su vida antes del conato de detención con el que se abre el relato, no participaba de los presuntos desórdenes físicos y psíquicos de Kafka. K. goza de buena salud; está contento con su trabajo y espera progresar en él; tiene una amante (presuntamente de pago) que resuelve sus pulsiones eróticas y que no parece provocarle ningún problema emocional, al tiempo que le deja libertad para otras conquistas; se mueve en un círculo de amigos y conocidos con los que se siente a gusto; no se le adivinan veleidades artísticas o literarias; no tiene una familia que le rodee y lo ahogue con sus exigencias; tampoco vemos por ninguna parte grandes preocupaciones morales, éticas o filosóficas. Y dos curiosidades que suelen soslayarse. La primera, el aspecto físico de K. La habitual representación del protagonista de *El proceso*, ya sea en imágenes animadas o en simples ilustraciones, es siempre un trasunto físico del propio autor (alto, delgado, moreno, de mirada penetrante...): no hay una sola imagen de K. rubio, rollizo o con lentes. Pero en todo el relato no hay ninguna descripción del aspecto de K. Da lo mismo, para cualquiera que intente llevar el texto a la imagen, K. es Kafka. Y punto. Y la segunda: se suelen añadir casi como algo inherente al personaje rasgos semíticos y la suposición de que el personaje pertenece, sin duda, a la comunidad hebrea. Pero en ningún momento de *El proceso* se nos deja entrever siquiera que K. *sea judío*. Como sucede en la gran mayoría de la obra narrativa de Kafka, no hay alusiones directas al mundo de la comunidad hebrea. En ningún momento de *El proceso*, su protagonista se nos muestra como judío: no parece pertenecer a una determinada etnia o religión, y menos aún a una minoría vista como más o menos sospechosa. K. está integrado en la sociedad urbana en la que vive, a todas luces la burguesía de habla alemana de Praga, y no vemos por ningún lado rabinos, casamenteras, emigrados o intelectuales propios de del ambiente en que vivía el escritor. El K. con los rasgos, la personalidad y el entorno del propio Kafka no surge del relato, sino de la kafkología.

Es evidente, que la vida y la estabilidad psíquica del personaje cambian cuando el proceso se pone en marcha, pero ese nuevo K. tampoco comparte demasiadas características con su creador. K. es una persona activa, decidida; desde el primer momento toma la iniciativa de enfrentarse al tribunal, va a su encuentro. Eso es impensable en el prudente y tantas veces pasivo Kafka. También emplea sin recato a todo aquel que considera que puede ayudarle. En el transcurso del relato K. se implica eróticamente con ¡cuatro! mujeres, a las que no solo intenta acceder carnalmente sino de las que pretende aprovecharse para llevar su caso a buen puerto (idéntico comportamiento al del agrimensor de *El castillo*). La idea del Kafka real seduciendo criadas para poner de su parte a un juez o a un abogado es absurda. Además, K. es competitivo, amoral y egoísta, rasgos que no casan con lo que sabemos del escritor. Yo no consigo ver en el protagonista de *El proceso* ningún trasunto del auténtico Kafka, la verdad.

Y, como remate, voy dejar una reflexión que no he visto que se haya realizado hasta ahora (hay que recordar, de todos modos, que la cantidad de estudios sobre Kafka es inabarcable y que, por tanto, no se puede descartar que mi teoría ya haya sido expresada). He creído encontrar más similitudes con el escritor en *otros* personajes de *El proceso*. Es curioso como el brillo de la identificación entre protagonista y escritor ha cegado la posibilidad de rastrear las huellas de Kafka entre el resto de los caracteres del relato.

Yo parto de un hecho comprobable: en una presunta traslación al mundo real del universo de *El proceso*, Kafka no estaría, en principio, en el lado de los perseguidos por el tribunal, sino que formaría parte *del propio tribunal*. La idea parece chocante, pero hay que recordar que el escritor trabajaba para la Administración del Imperio; no era él quien peregrinaba en busca de información o de apoyo legal, sino la persona que recibía a quienes se veían en problemas. Él conocía las leyes, los mecanismos de las oficinas, los trucos, las corruptelas, los intereses que hay detrás de un organismo administrativo. ¡Tantas décadas resaltando cómo Kafka ha logrado hacernos visible, desde dentro, el poder de la burocracia y ahora le ponemos en el lado de sus desorientadas víctimas! En *El proceso*, Kafka sería el abogado, el pintor, el sacerdote. Sería quien informa al perseguido, al investigado, al procesado, y le pone al corriente de las peculiaridades de su caso. Kafka está *al otro lado*. K. no es Kafka. En absoluto.

¿CÓMO ES EL MUNDO QUE REFLEJA KAFKA EN SUS OBRAS?

ESTA ES UNA PREGUNTA INCRUSTADA CON calzador, realizada simplemente para que el autor de estas líneas pueda encadenar una serie de teorías sobre el universo creativo de Kafka. Como el truco se nota mucho, no voy a intentar una redacción florida que trate de disimularlo. Ahí va un florilegio de apreciaciones más o menos gratuitas.

Kafka vivió en un imperio y sus personajes no abandonan la idea de imperio. Habitan un mundo en el que la autoridad *real*, efectiva, está muy lejos de su alcance, fuera de su experiencia diaria, tras altos muros, a muchos kilómetros de distancia y ejercida por personajes inaccesibles de los que nada se sabe. A los ciudadanos normales les llega el eco lejano de sus leyes y sus órdenes, a través de funcionarios de cada vez menor rango que apenas llegan a reflejar el resplandor originario.

Pese a su aura de apóstol del individualismo moderno, Kafka presenta infinidad de veces en sus relatos la idea de *pueblo*. Sus personajes (humanos o disfrazados, a veces, en parábolas animales, como en *Chacales y árabes* o *Josefina o el pueblo de los ratones*) viven generalmente en colectividad, bajo estructuras sociales que suelen venir de muy antiguo. Eso es válido para los conceptos imperiales antes citados y también para los organismos mentales o espirituales: la Palestina utópica del escritor no sería muy diferente, en términos organizativos, de la Administración austrohúngara o del Imperio alemán.

En las sociedades que refleja el escritor no existen soluciones *políticas*. Nadie propone elecciones libres, sufragio universal, repúblicas, naciones autónomas... Los conflictos que plantean la relación entre gobernantes y gobernados, por mucho que se lleguen a enconar, no llegan a provocar ningún tipo de respuesta que afecte al núcleo de la estructura de poder. Uno puede imaginar, forzando mucho los límites del mundo de Kafka, que los aldeanos de *El castillo* se harten de los corruptos burócratas que los tiranizan y procedan a un improbable linchamiento, pero es inimaginable que la rebelión llegue a la fortaleza en la que reside el verdadero poder.

Se ha destacado en múltiples ocasiones que Kafka fue uno de los primeros autores que hablaron de la *deshumanización* del siglo XX, de la progresiva *maquinización* de la sociedad. Muchas veces sus relatos se ilustran, real o figuradamente, con amplios escenarios o monstruosos aparatos de estética *cyberpunk*, que rodean a patéticos e indefensos seres humanos. Eso es ridículo. Kafka siempre trabaja a escala humana. Evidentemente, se deja seducir por los grandes espacios y las urbes de su propio entorno o del imaginario estadounidense, pero los ejemplos que se citan para defender las tesis de un Kafka visionario de las grandes matanzas del siglo XX o del mundo de los avances tecnológicos que van a terminar con la humanidad suelen reducirse a un par de ejemplos mal escogidos. Uno es el curioso escritorio multiusos que contempla el joven Rossmann de *El desaparecido*, una sencilla ironía sobre la mente práctica que se les supone a los yanquis. El otro es la famosa maquina ejecutora de *En la colonia penitenciaria*, en la que algunos han visto un anuncio de las modernas armas de destrucción masiva. El (terrorífico) artefacto no puede estar más lejos de esas concepciones. Es un instrumento anclado en el pasado (las torturas medievales, reales o literarias) y, sobre todo, y ahí reside gran parte de su maligna fascinación, totalmente *personalizado*: su funcionamiento está diseñado para cada reo y solo para él. Nada que ver con una cámara de gas nazi o una bomba atómica. El ser humano que retrata Kafka en sus obras no es que anticipe los horrores de su siglo, es que refleja su naturaleza *real*. Si sirve un único ejemplo, en *El proceso* los funcionarios del tribunal no solo celebran sus sesiones en desvencijados desvanes, sino que escriben *a mano*.

En las obras de Kafka apenas aparecen ejércitos ni fuerzas represivas convencionales. Es curioso constatar como, en *El castillo*, la aldea está claramente sometida a la autoridad de la fortaleza, pero no aparece un solo policía: en otro rasgo genial del escritor, que reproduce la idea de *El proceso*, son los propios habitantes los que se autolimitan. No aparecen en los relatos del escritor más que mínimas alusiones a la guerra, siempre dentro de un mundo exótico o legendario: hordas bárbaras, bandas de árabes, regimientos chinos... No hay bombardeos masivos o fusilamientos. Kafka vivió una guerra inédita en cuanto a su extensión y su crueldad, pero no hay en su obra un rastro claro del impacto en él de esa contienda. Es cierto que los escritos del autor posteriores al conflicto son más crípticos, más densos, incluso, llevando las cosas al extremo más proclives al análisis místico o político: parábolas animales, amenazas fantasmales, sueños de evasión espiritual... Pero Kafka no es el heraldo o el retratista de las grandes catástrofes del siglo XX. Los mundos que refleja, ya sean milenarias ciudades de Oriente o aldeas centroeuropeas, son siempre el decorado para la aventura individual, para las cuestiones eternas que se plantea el ser humano.

En los mundos de Kafka las relaciones personales presentan unas características peculiares. Las emociones aparecen desplazadas: los personajes a veces están situados en planos de realidad que se muestran diferentes, incompatibles entre sí. En una misma escena, dos interlocutores pueden pasar de la máxima intimidad a la desconfianza o la abierta hostilidad. Nadie puede sentirse seguro en ningún ámbito: la familia, el trabajo, la administración... Repentinos cambios de humor, de comportamiento, pueden terminar incluso en abiertas tragedias (en *La condena* el padre, en principio apacible, se revela como violento y vengativo, provocando la muerte del hijo) o abruptos cambios de situación (en *El desaparecido,* un pequeño malentendido acaba con la relación entre Karl y su antes devoto tío). Hay secretos, enemistades larvadas, ofensas remotas...

Las relaciones sentimentales y sexuales del universo kafkiano participan de ese mismo tipo de extrañamiento. Ya hemos comentado que los personajes femeninos del escritor parecen, en un primer vistazo, bastante unidimensionales, reducidos a su función de hacer progresar la acción principal que encarnan los protagonistas. Eso es solo una verdad a medias. Es cierto que en los primeros cuentos, así como en *La condena, La transformación* o *El desaparecido*, las mujeres carecen de una personalidad definida: son arquetipos familiares o mundanos. El famoso personaje de Brunelda en la peripecia de Rossmann es sin duda sorprendente, una exacerbación de los atributos físicos femeninos llevados al extremo. Estamos ante una creación notable, que repugna y fascina al mismo tiempo. Pero no es un *carácter*, no estamos ante un personaje sino ante una creación fantástica. Además, es evidente que la mujer, en estas primeras obras, no es casi nunca un elemento positivo, sino que carga con los prejuicios del joven Kafka ante los asuntos íntimos. Las cosas cambian en los escritos de madurez. En *El proceso* las mujeres son más complejas, tienen mucha más vida interior y su comportamiento es mucho más independiente. *El castillo* es ya otro mundo completamente distinto; la experiencia del autor en estos ámbitos ha aumentado exponencialmente: los personajes femeninos adquieren un enorme protagonismo e incluso llegan a eclipsar al propio agrimensor, destacando sobre todo el soberbio retrato de Amelia. Lo que sí es innegable es el concepto negativo que Kafka tenia del sexo: las relaciones físicas de sus personajes nunca son un intercambio placentero sino un inevitable tributo a unas necesidades groseras del cuerpo. Pero el poder de la atracción sexual es enorme: hombres y mujeres sucumben a su hechizo y olvidan sus deberes sociales (*El proceso*) o pierden de vista el mundo y se exponen al escrutinio de los que les rodean (*El castillo*).

BUENO, LA PENÚLTIMA: ¿QUÉ SIGNIFICA «KAFKIANO»?

COMO DICEN LOS CLÁSICOS (O LOS RIDÍCULOS), me alegro de que me haga esa pregunta. Los grandes autores, los que crean sus propios universos en cualquier disciplina, suelen terminar con su nombre asociado a esos mismos mundos o, más propiamente, a lo que el público ha decidido que son esos mundos. Así tenemos escenas dantescas, ambientes galdosianos o tragedias shakesperianas. Así sucede en todas las artes: hay paisajes fordianos, rostros picassianos o anatomías miguelangelescas. Otra cosa es que un Dante redivivo pueda renegar de verse asociado a estampas de masacre (¡el *Paraíso* también es obra mía, dirá el poeta!) o que John Ford resucite para decirnos que la belleza de Monument Valley estaba allí antes de que él llegara.

Pese a estos reparos, es obvio que la mayoría de estas identificaciones funcionan. Compartimos unas nociones de base que asociamos sin dificultad a esos mundos imaginados.

Pero, y quizá sea cosa mía, con Kafka no hay manera. A lo largo del último siglo, muchas obras de ficción (y muchas situaciones reales) han recibido el calificativo de marras. Nuestro autor se sorprendería muchísimo de que su nombre se aplicase con tanta profusión a creaciones y acontecimientos tan diversos y, a veces, incluso contradictorios.

Unos ejemplos.

Burocracia kafkiana

Cuando un ciudadano de nuestros días se ve enfrentado a trámites inútiles, confusos o arbitrarios suele acordarse de nuestro escritor. Si bien es cierto que Kafka fue empleado público, que conocía perfectamente el funcionamiento de la Administración del Imperio (por cierto, mucho más funcional y eficaz de lo que generalmente se supone) y que reflejó en muchas páginas aspectos de la relación de los personajes con diferentes tipos de burocracia, esta raramente responde a esos clichés comentados. Los burócratas de las obras de Kafka y los ciudadanos a los que administra casi nunca maldicen al sistema o lo encuentran inútil o farragoso. Son los que vienen de fuera quienes lo encuentran inadecuado. En uno de los momentos más geniales de *El proceso*, el abogado de K. comenta que los acusados, en un primer momento, siempre intentan cambiar el procedimiento al encontrarlo imperfecto, pero que eso es un grave error ya que es la inexperiencia del que está siendo juzgado la que le hace ver fallos en un sistema perfectamente depurado por años de funcionamiento y manejado por personas tan honradas como expertas. Como ya vimos, el abogado aconseja a K. que, en vez de esos cambios universales, se centre en su propio proceso y no desperdicie su valioso tiempo. La misma idea es la que vertebra *El castillo*: el agrimensor intenta forzar una Administración que lleva siglos en marcha y se encuentra con la incomprensión de los sometidos a la misma, que la ven como inherente a sus vidas, algo semejante a los ciclos vitales, inmutables y eternos.

Laberinto kafkiano

Misma idea, mismo error. Que los recién llegados no consigan orientarse en los juzgados de *El proceso*, en los grandes territorios norteamericanos o en los vericuetos del sistema feudal no es culpa de estos, sino únicamente del novato, al que no le queda otra que aprender a moverse por ellos.

Terror kafkiano

Las obras de Kafka son, en muchos casos, directamente terroríficas. Eso es así. Si nos quedamos en el enunciado de la trama, lo que nos cuentan no difiere de los relatos de Poe o Lovecraft: hombres transformados en insectos, tribunales todopoderosos, torturas escalofriantes, muertos vivientes, seres deformes o monstruosos, objetos que cobran vida, animales que hablan, viajes en el tiempo... Es la forma de escribir de Kafka la que, en su magia única, hace aparecer sus relatos como puramente cotidianos. A los cinco minutos de despertarse en su nueva condición, Gregorio Samsa ya está pensando en que va a llegar tarde al trabajo y valorando los inconvenientes prácticos de su nueva situación como insecto; y sus familiares, tras el espanto inicial, lo que hacen es trazar planes domésticos para acomodarse al nuevo escenario: la mayor parte de *La transformación* sería idéntica con un Gregorio Samsa senil, excéntrico o perturbado. En *En la colonia penitenciaria*, el horror por el tormento al que se somete al reo queda rápidamente diluido en las consideraciones técnicas del funcionamiento de la máquina de ejecución: importan más los diminutos mecanismos del aparato que la sangre o la agonía. Personajes que son perseguidos por inquietantes objetos animados, entablan pronto con ellos relaciones cotidianas. El errante *zombie* Gracchus es simplemente un visitante levemente molesto en los puertos en los que se detiene... El terror kafkiano es original y exclusivo, no se parece a ningún otro. En su obra el espanto explota en un primer momento, pero lo que permanece después es una heladora rutina de convivencia con lo oscuro. Eso es, quizá, lo más terrorífico de todo.

Filosofía kafkiana

Como ya hemos indicado, la fama de Kafka fue póstuma y gradual, aunque, cuando estalló, lo hizo con una fuerza descomunal. Los primeros intentos de Max Brod para dar a conocer su obra no tuvieron precisamente un éxito inmediato, lo que hizo que el albacea cambiase astutamente su estrategia: en vez de presentar a su difunto amigo como un simple escritor de ficciones vanguardistas (vía que no parecía funcionar), decidió que Kafka era un *pensador*, un *filósofo*, casi (lo diré, porque así lo expresó prácticamente el propio Brod) un *profeta*.

La jugada salió bien, como es claramente comprobable, pero a costa de tergiversar y confundir de forma duradera el legado del autor. Brod se vio favorecido por un fenómeno curioso que se dio en los años del despegue del culto a Kafka. En los tiempos en que ambos amigos vivieron y realizaron su obra, los filósofos, los pensadores, trabajaban desde el lugar que generalmente habían venido ocupando a lo largo de la historia, con breves excepciones: las cátedras académicas, las publicaciones especializadas, los grupúsculos intelectuales más o menos politizados... Cuando Brod creó el mito de Kafka como iluminado intérprete del mundo, los filósofos (*algunos* filósofos) habían adquirido el estatus de estrellas del *rock* y la principal corriente del momento, el existencialismo, era consumida en masa por todo tipo de público a través de unos medios de comunicación en auge y necesitados de nuevos mitos culturales.

El presunto pensamiento kafkiano, siempre filtrado a través de la óptica de Brod, encajó a la perfección en aquel panorama intelectual. Brod y muchos de los kafkólogos que continuaron su labor, dejaron a un lado sus creaciones literarias más auténticas y genuinas (novelas, cuentos) para centrarse en sus aforismos, sus atormentadas introspecciones o sus alegorías más oscuras. Es cierto que muchos aspectos de la obra de nuestro hombre se prestan muy bien a este tipo de digresiones: abundan las parábolas, los relatos con animales como claras trasposiciones de distintos comportamientos humanos, las alusiones a mundos paralelos o a personajes entre dos existencias... Aunque se trata de literatura, de narración, nadie pareció darse por aludido. El resultado final fue el esperado; Kafka dejó por mucho tiempo de ser leído para ser interpretado: todos buscaban una clave que abriese el universo oculto de ese nuevo fenómeno filosófico.

Bien, digámoslo cuanto antes: Kafka es un escritor extraordinario, infinito, pero un pensador muy mediocre (tampoco fue un buen dramaturgo o un poeta aceptable; es difícil ser bueno en todo). Dejando a un lado las (para mí y para muchos estudiosos) estériles elucubraciones metafísicas sobre su obra de ficción, la máxima fuente de la presunta filosofía de Kafka son sus *Aforismos*. Kafka los escribió durante una cura de reposo en la granja de su hermana Ottla, tras el diagnóstico de su grave tuberculosis, en un momento vital delicado y en un ambiente muy diferente al que el escritor estaba acostumbrado. La conjunción de acontecimientos y la frecuentación de autores como Schopenhauer (hay que reconocerlo: leer al pensador alemán siempre ha despertado vocaciones filosóficas, a la quinta página uno ya se pone a descifrar noúmenos y a ejercer la libre voluntad en un mundo oscuro y sin asideros trascendentales) provocaron ese fugaz interés del escritor en crear ese corpus de ciento y pico máximas.

Estos aforismos, hay que decirlo cuanto antes, son una monumental castaña. Hay en ellos, evidentemente, algún que otro destello de genio (más literario que filosófico), pero el conjunto se cae sin remisión de las manos del lector. Kafka se centra en tres o cuatro temas muy queridos para él: la existencia de dos mundos en los que nos movemos, el material (falso) y el espiritual o trascendente (real); el asunto del paraíso y la expulsión del ser humano del mismo (tratado de una forma más cristiana que judía, curiosamente); el tiempo como continuo y circular (aquí aparece Nietzsche, otro sospechoso habitual en la afición filosófica sobrevenida) o la imposibilidad de comprender al otro sin asumir que todos formamos parte un cosmos indisolublemente unido. Poco más. Con estos mimbres, Kafka trabajó de forma bastante concienzuda, puliendo en varias fases cada aforismo, buscando ese lenguaje esencial y despojado que caracteriza sus escritos de esta época. Numeró y clasificó (con algún error y duplicación) las máximas, de forma que constituyesen un conjunto más o menos coherente (aunque los temas surgen y se agrupan de forma un tanto aleatoria), pero nunca se decidió a darlos a imprenta.

Como ya he apuntado, los aforismos, pese a su fama, son áridos y confusos, disparan en direcciones a veces opuestas y proporcionan escaso o nulo placer estético o intelectual. Hay, repartidos por sus diarios y cartas, e incluso en sus obras de ficción, muestras mucho mejores de indagaciones filosóficas, que poseen, además, bastante más categoría literaria.

Como conclusión, resulta muy curioso, y un tanto desalentador, que las fuentes más citadas de la «filosofía» de Kafka provengan de esta mediocre colección aforística y de las «conversaciones» que anotó su admirador Janouch, texto que se tomó en su momento como la biblia del universo kafkiano y que hoy se va demostrando que es, en su mayor parte, pura invención. Cada uno puede hacer con su tiempo lo que le parezca más conveniente, pero yo evitaría profundizar en este ámbito de la obra de Kafka y optaría por indagar en los más verdes pastos de su creación puramente literaria.

Para acabar: en mi vida, he encontrado multitud de obras que pretendían ser kafkianas, que lo deseaban fervientemente, y, muchas veces, desde la sincera admiración hacia el escritor. Pero lo kafkiano es inasible, muy escurridizo. Cuando se trata de adaptar o parafrasear a Kafka, el fracaso es total.

En el cine, que es algo de lo que entiendo un poco, por ejemplo, se puede citar el filme menos kafkiano de la historia: *El proceso*, dirigido por Orson Welles en 1960 con Anthony Perkins como protagonista. Sin entrar en los valores puramente cinematográficos, de los que no estamos hablando (dirección, montaje, escenografía…), la película como tal es lo más alejado del universo de Kafka que se pueda imaginar. El escritor no reconocería a ese K. convulso que recorre un París mecanizado y panorámico como si se tratase de un Monsieur Hulot existencialista. La odisea de Perkins/K. no es la del personaje original sino la del urbanita europeo del desarrollismo y la Guerra Fría. Ah, y sus dependencias y oficinas (amplias, resonantes) se parecen más a las de *El apartamento* que a las del imperio austrohúngaro. Además Welles cambió el final y otros aspectos de la película, según él, a causa del Holocausto y la conmoción que produjo. La matanza de judíos a manos de los nazis afectó a muchísimos miembros de la familia y el entorno de Kafka, pero todo eso sucedió mucho después de la muerte del escritor. Kafka vio y sufrió el antisemitismo de la época, pero, para él, Auschwitz era algo inimaginable, y hay que recordar que el escritor se sentía parte de la cultura alemana. El bueno de Orson tenía todo el derecho a elegir su inspiración y sus influencias, y puede traicionar a Kafka basándose en Hitler, en la Revolución Francesa o en las copas de Europa del Real Madrid, pero su película no es kafkiana. No.

De la broma que nos gastó Steven Soderbergh con su *Kafka* del año 1991, mejor no dar noticia (aunque Jeremy Irons ofrece una imagen muy atractiva del escritor: es el avatar perfecto). Y *El castillo* (1997) de Michael Haneke es muy fiel al texto (incluso termina abruptamente en el mismo momento que la novela), pero no hay en este filme el menor rastro del universo del escritor: todo es deliberadamente plano, gris, monótono... El mundo de Kafka *no* es onírico o evanescente. Muchos confunden *El castillo* con *Pedro Páramo* y el director austríaco parece ser uno de ellos.

Por otro lado, la influencia de Kafka en la literatura posterior, que se presume (y creo que lo es) inmensa, me parece que se produce más bien desde el punto de vista de las nuevas perspectivas que abre y de las vocaciones literarias que despierta. Como todos los creadores de mundos, resulta muy difícil encontrar discípulos directos del escritor. Es fácil hacer un pastiche o una falsificación de cualquier gran creador: se puede pintar un Picasso o componer un concierto de Vivaldi (muchos lo han hecho, por lucro o diversión), pero, como sucede en los casos citados, nadie ha vuelto a escribir como Kafka, como nadie volvió a hacer una película como lo hacía Eisenstein, por ejemplo.

Yo, en mi limitadísima experiencia, no he encontrado ejemplos claros de algo que se pueda denominar con claridad kafkiano. A veces hay momentos, en los libros, en las películas, en la vida, en los que se manifiesta algún aspecto de las obras del escritor. Hablo de esos personajes que dejan su trabajo y se ponen a mirar por la ventana para meditar sobre aquello que realmente les preocupa; hablo de esas películas (o realidades) españolas o italianas en las que el pobre ciudadano ha de realizar gestiones que no entiende en oficinas situadas en lugares apartados y miserables, en sótanos o buhardillas; hablo del protagonista que huye o se enfrenta a problemas colosales, pero eso le hace desear con más fuerza a las mujeres que se cruzan en su camino (y, claro, también de esas mujeres que ven al extraño acosado con ese mismo deseo); hablo de las casas en las que hay enfermos, locos o deformes que alteran la vida familiar y obligan a establecer barreras interiores y exteriores; hablo de quien se adentra en tierras desconocidas y se enfrenta a los códigos de sus habitantes, tan diferentes a los suyos; hablo de buscar ese salvoconducto que alguien te ha de conceder para volver a formar parte de la comunidad que te está excluyendo... Todo eso es, para mí, *kafkiano*.

¿CONCLUSIONES?

EL IMPROBABLE LECTOR QUE HAYA LLEGADO hasta aquí se dará cuenta de que no sabe mucho más sobre Kafka tras leer todo lo anterior. Más que ofrecer nuevos datos sobre su vida o su obra, o proporcionar una guía de lectura, lo que se ha pretendido es arrojar una luz diferente sobre sus relatos o desmontar algunos tópicos muy enraizados sobre el escritor que oscurecen el disfrute de sus mundos. Kafka es un escritor mucho más accesible y transparente de lo que se cree, y aunque sus narraciones pueden abordarse desde muchos ángulos —la mayoría de ellos válidos—, creo que lo fundamental es empezar por el sencillo procedimiento de tomarlas como lo que son: literatura. De la mejor. Los obstáculos son mínimos y la recompensa es inmensa.

BIEN. ¿ALGO PARA TERMINAR? ¿ALGO QUE NO SEA «LEAN A KAFKA»?

Lean a Kafka.

ESTA EDICIÓN DE «LEYENDO "EL PROCESO". PREGUNTAS Y RESPUESTAS SOBRE KAFKA Y SU OBRA», DE GERARDO RODERA, DECIMOTERCER TÍTULO DE LA COLECCIÓN URSA MINOR, DE LOS EDITORES DESCABEZADOS, SE DIO A IMPRENTA EN DICIEMBRE DE 2024. VALE.